싹 난 지팡이

마른가지에 움트는 산뜻한 생각 *

소 리 엘

장
혁
재

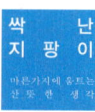

초판 1쇄 발행 2011년 5월 1일

지은이 | 소리엘 장혁재
펴낸이 | 정종현
펴낸곳 | 도서출판 누가
표지디자인 | 안흥섭 | 아트엘
편집 | 김민지 | 아트엘
제작 | 이영목

등록번호 | 제20-342호
등록일자 2000. 8. 30
서울시 강서구 염창동 282-19 현대아이파크상가 B 102호
전화 | (02)826-8802   팩스 | (02)826-8803

정가 13,000원
ISBN 978-89-92735-59-9

파본은 교환해 드립니다.
이 출판물은 저작권법에 의해 보호를 받는
저작물이므로 무단 복제할 수 없습니다.
독자의 의견을 기다립니다
lukevision@hanmail.net

싹 난
지팡이

마른가지에 움트는
산뜻한 생각

차례

1부 내가 사람됐구나 느낄 때 · 12

내가 '사람 됐구나' 느낄 때…
아 주라!
진짜 같은 가짜, 가짜 같은 진짜
"전화하시지 ~"
양심
붙이기와 깎아내기
소원
프로 엄마
"허"
총각에서 학부형으로
검색순위
난 느끼하다
"ㄴ"
F
날씨
야자와 야자
만병통치약
빚
낭만, 그리고 10대
신종 주기도문

슈퍼 바이러스
메뚜기도 한 철
결코 흔들리지 않는 것
주유소에서
잊지 못할 에피소드
돌아오지 않은 만 원
나를 감동시킨 아이들
헷갈리는 앙케이트
팬클럽
5월에는 1
5월에는 2
산소 결핍
힘 있을 때 잘해
"웁스"
저를 기억해주세요
"몇 시야?" "메시아"
"넌, 말이라도 하지"

차 한 잔
천국에 가장 빨리 가는 방법
진짜 태교
아이돌 때문에
누구를 위한 갈채?
작지만 큰 기쁨
"아빠 또 와"
흔적
무서운 초딩
할머니의 소원
전도하기 진짜 힘든 사람
예상의 반전
짜증
두 장의 회수권
인터뷰

2부 세상의 부자와 하나님의 부자

부자가 되고 싶은 분들을 위한 동화
부자가 되고 싶은 분을 위한 하나님 말씀
세상의 부자와 하나님의 부자
산수유
당신 곁에는 어떤 부류의
　　　　　사람이 가장 많습니까?
공약
믿음과 현실 사이
천국은 없다
천국은 있다
세대차이
순위를 정해보시오
죽을 때 꼭 가지고 가고 싶은 물건
남편들이 말하는 최악의 아내, 최고의 아내
객관적
한국에서는 1

한국에서는 2
3초
역시 한국인
결코 변하지 않는 것
나만 아니면 돼~
내가 아니면 안 돼~
행복한 아이들
언제나 그 자리에
사랑에 빠져야 나타나는 현상
"헉"
바흐와 헨델
생활의 달인
잘해야 예쁘다
내비게이션
보이지 않지만 늘 볼 수 있는 것
먼저 말해주세요

주인공
Thank you
알아서 잘해요
성공한 다음은 뭐?
상담
용기가 부족해서
기도하고 드세요
나이
이유
당신 때문에…
아직도 심장병을 가지고 태어나는 아이들
너무 하잖아요?
100%
예뻐지고 싶으세요?
시합
참 다른 전쟁

3부
큰 교회 가난한 목사님, 작은 교회 부자 목사님

우리 교회가 달라졌어요
큰 교회 가난한 목사님, 작은 교회 부자 목사님
작은 교회 부자 목사님, 큰 교회 가난한 목사님
"좋~습니다!"
사인은 음반에?
공인
날씨와 예배
사장님의 뻔한 거짓말
사례
개런티
사막이 주는 은혜
믿음의 선배
들음의 미학
나눔의 미학
솔리스트
장례식장의 동영상
할머니 성가대
긍휼의 눈

사찰집사님
선교사님과 아들
예수쟁이들은 달라
교회 봉고차
모르면 좋았을 것을
이런 교회 되게 하소서 1
이런 교회 되게 하소서 2
교회 안의 연예인
아직 어려서
땅 끝에서 천국까지
아무도 없냐?
왜 오셨어요?
생각해 볼 문제
밥과 작품
아! 장로님
누가?
나눔과 갚음
나눔은 선택이 아닌 의무
문화 그리고 ... 전쟁

감사의 글

저는 찬양사역자입니다.
다른 말로 복음성가 가수라고도 합니다.
마이크를 15년 넘게 잡은 방송인이기도 합니다.
다른 이들은 저를 전도사라고 부르고,
또 어떤 이들은 찬양 선교사라고도 합니다.
학교에 가면 학생들은 저를 교수님이라고 부르고,
간혹 음반을 제작하고 가수들을 키우기에 프로듀서라는 호칭도 듣습니다.

이 정돈 안 된 호칭들이,
오늘의 저의 모습을 정확하게 잘 표현해주는 것 같습니다.

짧지 않은 시간 동안 많은 나라, 많은 교회, 그리고 많은 사람을 만났습니다.
그때그때마다 주신 하나님의 마음과 감동을 차곡차곡 모아 이 책에 정성껏 실었습니다.

소리엘 장 혁 재

내가
사람 됐구나
느낄 때

Part. one

01
Part.one

내가 '사람 됐구나' 느낄 때…

철이 없던 어린 시절에는
며칠 전에 했던 이야기를 친구가 똑같이 반복해서 하면
저는 언제나 이렇게 이야기 했습니다.

"야, 했던 얘기거든… 그만하지."
친구에게 심하게 무안을 주곤 했습니다.

그 친구가 똑같은 이야기를 또 한 번 하면
"한 번만 더 하면 나 화낸다…"
늘 이 모양이었습니다.

지금은 많이 달라졌습니다.

며칠 전에 만났던 친구가 했던 이야기를 또 하고 있으면

지금의 저는 재미있게 들어주며

그 친구의 이야기에 열심히 맞장구를 칩니다.

마치 처음 듣는 이야기인 마냥….

'오! 나, 사람 됐는데….'

스스로 대견해 합니다.

제 친구는 늘 저를 만나면 신이 납니다.

했던 얘기 또 하면서….

*약점이 없는 사람은 없습니다. 시간의 무서움을 가장 크게 느낄 때가 바로 기억력 감퇴를 느낄 때입니다.

아 주라~!

저희 동네에 야구장이 하나 있습니다.
프로야구가 열리는 경기장입니다.

오늘 모처럼 야구경기를 보러 아들과 손잡고 갑니다.

오늘의 경기는
"서울 두산 vs 부산 롯데"

오늘은 부산 응원석에 자리를 잡습니다.
역시 롯데,
응원 열기가 대단합니다.

손마다 비닐 방망이, 머리에는 봉지 뒤집어쓰고
부산갈매기를 목 놓아 부릅니다.
서울에서 열리는 경기인데도 롯데 쪽 응원석만 만석입니다.
여기는 서울인데도 내 주위에 있는 사람들은 모두
부산 사투리를 씁니다.

야구장의 특별 서비스는 모두 아시다시피
펜스를 넘어온 공을
먼저 잡는 사람에게 아낌없이 주는 것입니다.
순발력만 있으면 횡재할 수 있는 곳이 바로 야구장입니다.

7회 말.
롯데의 홈런타자 이대호가 타석에 들어섭니다.
응원소리가 점점 커져갑니다.
투수의 공이 떠나자
"딱"
"쳤습니다!…"
아~ 아쉽게
"파~울"
앗! 그런데 그 공이 이쪽으로 날아옵니다.

다행히 제 앞자리에서 공이 튕겨져 오릅니다.
제 옆자리 있던 아저씨 두 명이 동시에 야구공을 향해
다이빙을 합니다.
구르는 공을
몸을 날려 한 아저씨가 먼저 잡습니다.

전쟁에서 승리한 개선장군처럼 공을 들고 정말 좋아라~
하십니다.
그 순간 간발의 차이로 아깝게 공을 놓친 아저씨.
표정이 좋지 않습니다.

그 아저씨 돌아서면서
뭐라고 중얼 거립니다…
"아 주라~!"
아주 작은 소리로.

"아 주라~!"
그 소리를 들은 주위의 사람들도 같이 외치기 시작합니다.
"아 주라~!" "아 주라~!"
점점 소리는 운동장에 가득 찹니다.

결국 야구공을 차지했던 그 아저씨,
앞에서 눈 크게 뜨고 기다리고 있는 아이에게
야구공을 마지못해 양보합니다.
아주 아주 난처한 표정으로….

사람들이 박수를 칩니다.
흐뭇한 광경입니다.

그런데 저는 알고 있습니다.

제일 먼저
"아 주라~!"를 외친 사람이 누구인지….

* '아 주라'는 부산 사투리로 '애 줘라~' 입니다.
* 양보는 최대의 미덕입니다. ^^

진짜 같은 가짜, 가짜 같은 진짜

절친이 중국에 여행을 다녀왔다고 자랑을 합니다.

중국에서는 거의 온 국민이
명품 시계(?), 명품 가방(?)을 다들 가지고 다닌다고 합니다.

모두 알고 있듯이 중국은 정말 짝퉁의 천국입니다.
중국에서는 운전수도 명품,
환경미화원도 모두 저렴한(?) 명품을 가지고 다닌다고
합니다.
혹 진짜 명품을 가지고 다닌다 해도 중국 사람들은 전혀
신경 안 쓴다고 합니다.

왜냐하면 모두 명품(?)을 가지고 있으니까.

그 친구가 며칠 전엔 유럽에도 다녀왔습니다.
이번엔 더 심하게 자랑을 합니다.
유럽은 역시 다르다고….

그런데 그 친구가 유럽에 갈 때
중국에서 산 시계와 가방을 가지고 갔다고 합니다.
유럽에서 만난 사람들이
모두 시계와 가방을 보자 눈이 휘둥그레졌다 합니다.

우와! 이 비싼 명품을… 어떻게 구했냐구? 너 부자냐구?

머쓱했던 제 친구,
솔직하게 사람들에게 고백했다고 합니다.
이거 진짜가 아니고 짝퉁이라고…

그랬더니 유럽 사람들, 더욱 깜짝 놀랐다고 합니다.
어쩌면 이렇게 진짜하고 똑 같냐고…
그리고 한마디 더,

"그런데 넌 왜 이런 걸 가지고 다니냐~?"

그리고 위, 아래로 쭉 훑어보더랍니다.

*내가 보는 것은 사람과 같지 아니하니 사람은 외모를 보거니와 나 여호와는 중심을 보느니라 하시더라　(삼상 16:7)

"전화하시지 ~"

기도원에서 철야 집회를 마치고 집으로 돌아가는 길
자동차 계기판에 빨간불이 켜졌습니다.
기름이 없다는 경고등이 켜진 것입니다.

정말 큰일이 났습니다.
40km나 왔는데 여전히 주유소가 하나도 없습니다.
결국 차가 섰습니다.

차를 길가에 세우고 주유소를 찾아 걷습니다.
"휴~"
40분 만에 주유소를 찾았습니다.

어찌나 감사하던지 눈물이 다 납니다.

주유소 알바생에게 거의 울먹이며 말합니다.

"학생, 이 통에 기름 좀 줘요!"

알바생이 피식 웃습니다.

"차는 어디 있나요? 사장님!"

"아, 저기 고개 너머에~"

"걸어오셨어요?"

그리고 또 웃는다.

"네…"

"114에 물어서 전화하시지…

전화하시면 기름 가지고 배달 가는데…"

'아~… 그렇구나!'

오늘 깨달은 두 가지 교훈.

'무식하면 고생.'

그리고,

'우리민족은 배달의 민족.'

* 정보는 힘입니다.

양심

요즘 나오는 우리나라 에어컨, 성능 정말 좋습니다.
한 여름,
교회에서 열심히 찬양을 드리고 있는데
좀 덥다 싶더니…
그 순간 내 옆에 있던 에어컨이 '위잉~' 소리를 내며
자동으로 전원이 켜집니다.
풀 오토 에어컨이 알아서 작동한 것입니다.
이내 교회 안이 시원해지고 노래를 부르는데 참 쾌적하고
기분이 좋습니다.
그런데 몇 분 후에 이 에어컨은 다시 잠잠해집니다.
시원해지니까 알아서 꺼진 것입니다.

"우와~ 신기하다."

자동 센서가 달려 있어서 온도에 따라 자동으로
작동을 하는 것이라고 합니다.
담임목사님께서 최신 절전형 에어컨이라고 자랑하십니다.
이 에어컨의 생명은 센서에 있습니다.
온도에 민감한 센서, 순간 이런 생각이 들었습니다.

'하나님께서 내 가슴속에도 센서를 만들어 놓으셨는데…
그 센서가 요즘에는 작동을 잘못하고 있구나.'

목젖에서 15cm 밑, 좌로 약 4cm에 위치한
바로 '양심' 이라는 센서입니다.

예전에는 안 그랬는데 요즘은 양심에 찔리는 일이
별로 없습니다.
그렇다고 제가 착해진 것은 절대 아닙니다.
잘못을 했을 때 하나님 앞에
무릎 꿇고 기도하는 저의 모습이 요즘은 많이 사라진 것을
느끼기 때문입니다.
여러분의 센서는 잘 작동하는지요?

아니면 절약하신다고 아예 콘센트를 뽑아 놓지는 않으셨는지요?

* 하나님! 죄에 민감하고, 그것을 능히 이길 힘을 내게 주옵소서.

붙이기와 깎아내기

대학시절,

제 전공은 미술이었습니다.

가끔씩은 찰흙으로 조각을 하곤 했었는데….
조각에는 크게 두 가지
붙이기와 깎아내기, 두 가지 기법을 쓰게 됩니다.

먼저 말랑한 점토를 뼈대 붙여가며 형태를 만들어 가는
붙이기 기법.
큰 덩어리를 먼저 만들어 놓고 찰흙 칼로 깎아내며

형태를 만들어 내는
깎아내기 기법.
오늘 우연히 큰길가에 있는 갤러리를 지나가다
찰흙으로 만든 작은 소품을 보게 되었습니다.

저 작품은 붙이기로 만들었을까?
아님,
깎아내기로 만들었을까?

자세히 들여다보니 깎아내기 기법을 사용한 것이
틀림없었습니다.

아주 정교하게, 구석구석 찰흙 칼의 흔적이 선명히
남아 있는 것이
꽤 오랜 시간 공을 들인 작품이었습니다.

그 순간
이 소품이 '꼭 내 모습 같다' 라는 생각이 들었습니다.

찰흙 같은 지금의 저를 사람답게 만들어 주신 분들.

낳아 키워 주신 분,

가르쳐 주신 분,

격려하며 기도해 주신 분들….

하지만 제 인생에는

도리어 저를 많이 아프게 했던 사람들도 있었습니다.

저를 깎아서 오늘의 저를 만들어 주신 그런 분들 말입니다.

그분들이 오늘은 생각이 많이 납니다.

* 하나님… 나의 나 된 것은 모두 하나님의 은혜입니다.
오늘의 저는 저를 위해 기도하며 사랑해주신 분,
뿐만 아니라
저를 아프게 하고
저를 비난했던 분들도
오늘의 제 자신이 있게 하신 귀한 분들입니다.
이 분들을 위해 기도하고 감사하게 하소서.
아멘.

소원

제가 초등학교 다닐 때 일입니다.
담임선생님께서
"여러분이 지금 당장 가장 가지고 싶은 것 3가지만
적어내세요."
라고 하셨습니다.
아마도 미술시간에 그릴 그림 소재를 주시려고 하셨던 말씀으로 기억합니다. 저는 상상의 나래를 펼치며 내심 기분 좋게 3가지를 적어냈습니다.

'나이키운동화', 당대 최고의 브랜드 럭셔리 운동화.
'카시오 전자시계', 옆 짝꿍이 가지고 있어 너무 부러웠던 초딩급 명품 시계.
'리바이스 청바지', 누구나 입어보고 싶어 하던
스타일리쉬한 브랜드 청바지.
얼마 전에 있었던 일입니다.
서울 강남에서 초등학교 담임을 맡고 있는 친구가
1학년 반 아이들에게
재미있게도 초등학교 때 제가 받은 질문을 똑같이
내주었다고 합니다.
"여러분들이 지금 가장 받고 싶은 것 3가지만 적어내세요."
아이들 대답은 거의 일치했다고 합니다.

1번 돈
2번 돈
3번 돈

'그렇지! 돈 있으면 다 살 수 있지…'

* 돈은 최선의 종이요, 최악의 주인이다.
— 프랜시스 베이컨 —

프로 엄마

아이들이 부모를 가장 난처하게 만들 때가
여러 사람이 있는 곳에서 고집을 부리며 땡깡을
피울 때입니다.

대부분의 엄마들은 처음엔 웃으면서 달래 보지만
정도가 심하면 엄마라 할지라도 사랑의 매를 들고 맙니다.
(참고로 미국이나 유럽에서 이런 일이 생기면 경찰에 바로
신고 들어갑니다)

아이에 대한 부모들의 인내력과 인격을 제대로
알아 볼 수 있는

시간이 바로 이때인 것 같습니다.

저희 동네 옆집의 철수 엄마는 인격자입니다.

철수 엄마는 철수가 아무리 고집을 부리고
난리를 쳐도 절대 큰소리를 치거나 화를 내지 않으십니다.
항상 웃으며 좋은 말로 아이를 달래고 또 달래십니다.

그런데 오늘은 상황이 좀 심각합니다.
철수의 고집이 도를 지나친 것입니다.
다른 엄마들이 철수 엄마를 바라보며
어떻게 좀 해보라고,
철수를 그냥 놔둘 거냐는 무언의 압력을 넣고 있습니다.

참다못한 철수 엄마, 자리를 박차고 일어서더니
조용히 철수에게 한마디 합니다.

"철수야, 우리 씻으러 갈까?"

그 순간 철수 얼굴이 파래집니다…

"엄마… 살려주세요!"

이내 화장실에서 힘찬 수돗물 소리,

변기 물 내리는 소리…

그 사이에서 들려오는 철수의 목소리,

"엄마, 잘못했어요…"

철수 엄마는 프로였습니다.

*세상은 보이는 것이 다는 아닌 것 같습니다.
저마다 세상을 살아가는 방법이 다 있습니다.
나만 잘못하고 있다는 생각은 마세요.
남들도 당신이 하고 있는 고민을 똑같이 하고 있으니까요.

"허"

출퇴근 시간의 교통체증.

어제 오늘의 일은 아니지만
오늘은 유난히 운전하는 것이 지루하고 따분합니다.
오죽 답답하면 앞차의 번호로 덧셈도 해보고,
곱셈도 해보고…

그러다가 오늘 발견한 것.

"자동차 번호판에 '허' 자가 참 많네!"
(참고로 '허' 자 차량은 렌터카입니다)

차 번호판 중에 모든 숫자를 빼면 딱 한 글자
'허' 가 남습니다.

요즘 부쩍 자주 눈에 띄는 렌터카들…
그런데,
렌터카는 그 많고 많은 글자 중에 왜 하필 '허' 일까?
생각해 보았습니다.

아하!
"허", "허" 하면서
짜증내지 말고 웃으며 기분 좋게 양보 운전 하라고~

오늘은 번호판을 통해 깨달음을 주시네요. ^^;

*운전을 하시다가 '허' 자를 보시면 호탕하게 한 번 웃어 보아요.

총각에서 학부형으로

3년 전에 안산에 있는 교회에서 집회를 마치고 집으로 돌아가는 길이었습니다.

막 문밖을 나서는데 할머니 한 분이 저를 부르십니다.

"여보게~ 잠깐만…"
"아… 네… 할머니…"

"나, 할머니 아니야. 권사야아~"
"아… 네, 권사님… 무슨 일이세요?"

"자네, 찬양을 어쩌면 그렇게 예쁘게 잘 해?
나 은혜 많이 받았어. 고마워~"
하시며 엉덩이를 토닥토닥 하십니다.

"아… 네, 감사합니다."
"그런데, 자네에게 궁금한 게 하나 있어…"

"네, 말씀하세요…."
"나이가 몇 살이야?"

"나이는 왜요?"
"응… 우리집에 막내딸이 있거든. 걔가 아직
시집을 안 갔어…
난 자네가 참 마음에 드는 데 한 번 만나 볼래?"

"권사님!"
"응…?"

"저, 장가 간 지 10년 넘었어요…"
"에구! 내가 실수를 했네."

아니, 왜 이리 젊어 보여. 난 총각인 줄 알았어~"

"고맙습니다… 권사님…"

중요한 것은 요즈음 듣는 이야기입니다.

며칠 전,
"여보게… 잠깐만!"
"아… 네… 권사님…"

"애가 몇 학년이야?"
.
.

그 사이에 많이 늙었나 봅니다.

3년 만에 학부형 되었습니다.

*시간의 흐름은 인간의 힘으로 해결할 수 없는 일 중에 하나입니다. 주신 시간에 감사하며 순응하며 사는 것이 가장 젊게 사는 방법인 것 같습니다.

검색순위

어느 날,
늦은 밤인데 후배에게 문자가 왔습니다.
"형님, 지금 혹시 인터넷 보실 수 있으세요?
'소리엘'이 지금 네이버 실시간 검색순위에
막 올라가고 있어요."
뭐 특별히 한 것도 없는데…
괜히 불안한 마음에 즉시 네이버 검색 창에 '소리엘'을
쳐보았습니다.
'잉?'
기사의 타이틀은 이랬습니다.
소녀시대 '지(gee)', 손담비 '미쳤어' 거꾸로 듣기,

세상에 이런 일이… 소리엘 마저.
'소리엘 마저…' 라니… 내가 무슨 실수했나??
기사의 내용인 즉 네티즌들 중 기독교인이 '아이돌 댄스곡을 백워드 매스킹 하면 음란한 내용이 들린다' 라고 주장해 논란이 일자 이에 반발하는 의미로
비기독교인 네티즌이 기독교 음악을 백워드 하면 무슨 말이 들리는지 보라며,
기독교 음악의 대표라고 하는 소리엘의 노래를 백워드 매스킹 해 동영상을 올린 것입니다.
('백워드 매스킹' 이란 음악을 거꾸로 재생 시 숨겨진 메시지가 들리게 하는 녹음 기술입니다)
그 네티즌의 주장은 소리엘의 음악도 거꾸로 들어봤더니 욕설이 들리더라… 였습니다.
혹시나
궁금하기도 하고 괜한 걱정도 들고 해서
동영상을 확인해 보았는데 다른 네티즌들이 답 글에도
이야기 했듯이
말도 안 되는 억지 주장이었습니다.

대표적인 찬양 사역자 소리엘도 사탄의 음악을 하는

사람이냐고
반대의견을 주장하려 제작한 동영상이
이 사이트에서는 제목이 둔갑해 '소리엘 마저…'로 올라간
것입니다.

'아… 이렇게 검색순위가 올라가기도 하는구나…'

뭐 불쾌하지도, 속상하지도 않았습니다.
워낙 우리는 어이 없는 세상에 살고 있으니까요.

한 가지 좀 아쉬운 것이 있다면
지금 검색순위에서 '소리엘'이 계속 순위 밖으로
밀려 나가고 있다는 것입니다.

* 우리는 지금 정보화 시대에 살고 있습니다. 하지만 제가 경험했듯이 아무 생각 없이 정보를 받아들이다 보면 오보를 진실인 양 받아들일 수 있습니다.

난 느끼하다

콘서트를 마치고 여느 때처럼 사인을 하고 있습니다.
한 분 한 분 사인을 해드리고 있는데
10분 째 제 옆에서 구경만 하고 있는 꼬맹이가 있습니다.

"꼬마야, 너 사인 받으러 왔니?"
"아니요…"
"그럼, 왜 여기에 계속 서 있었어?"
"아저씨한테 할 말 있어서요…."
"뭔데? 얘기 해 봐."
"아저씨, 이런 말 해도 돼요?"
"괜찮으니까 얘기 해 봐."

"아저씨…"

"응…"

"아저씨 목소리가요…"

"응…"

"너무 느끼해요…"

후다닥~

오늘 컨디션 최악입니다.
전 지금까지 20년 이상 찬양해 오면서
제 목소리가 느끼하다고 생각해 본 적이 단 한 번도
없었습니다.

충격에 휩싸인 저는 집에 돌아와
그동안 만들었던 소리엘 음반을 모두 꺼내 들어봅니다.
확인해보고 싶었습니다.

한 시간 딱 들으니까
확실히 느끼한 것 맞습니다.

순간 고마운 마음이 가슴에 밀려옵니다.

이렇게 목소리가 느끼한데도 은혜롭다며 제 노래를
들어준 수많은 사람들…
그리고 지금도 저의 목소리에 기뻐하시고,
즐거이 받으시는 나의 하나님…

"하나님, 저 앞으로도 계속 찬양할 거예요.
들으시다 많이 느끼하시면 김치 드시면서…"

* 그럼에도 불구하고~ 저는 찬양을 멈추지 않을 것입니다.
왜냐하면 찬양은 우리의 선택이 아닌 의무이기 때문입니다.

* 할렐루야, 여호와의 종들아 찬양하라 여호와의 이름을 찬
양하라   (시 113:1)

"ㄴ"

제 재산 목록 1호는 11인치 노트북입니다.

이 조그만 컴퓨터 안에
저의 희. 노. 애. 락이 숨어 있습니다.

컴퓨터 많이 쓰고,
자판을 많이 쓰시는 사람이라면 공감하겠지만

자판의 글자 중에 특별히
많이 닳아 지워져 페인트 글자들이 잘 안 보이는
자판이 몇 개 있습니다.

좀 더 쓰게 되면 헐거워지고
몇 개의 알맹이는 본체에서 이탈을 하기도 합니다.

그러면 결국 그 몇 개의 자판 때문에
자판 전체를 통째로 바꿔야 하는 현실에 맞닥뜨리기도
합니다.

얼마 전, 제 자판 중에서도 한 놈이 완전 이탈에
성공했습니다.
'ㄴ'
'밉다. 이 놈 때문에 거금을 들여야 하다니….'

하지만 곰곰이 생각해보니

이내 이 녀석이 고맙습니다.

자신의 역할을 잘 감당하고 운명을 다하는 그 모습이
대견스럽기까지 합니다.

때가 꼬질꼬질 타서 옥수수 알맹이처럼 여기저기를

굴러다니는
자판 글자 하나 'ㄴ.'

그 알맹이가 꼭 저의 모습을 보는 것 같습니다.

손을 많이 타서 좀 지저분하지만
자주 쓰임 받아 순교(?)한 이 녀석이 오늘따라
더 예뻐 보입니다.

* 썩어져서 쓸모없는 사람이 되지 말고, 쓰임 받아 닳아 없어지는 사람이 됩시다.

F

학교에서 강의를 하다보면
수업시간에 영~ 수업태도가 안 좋은 학생들이
간혹 있습니다.

오늘도 그런 녀석이 한 명 있습니다.
가만히 앉아 있질 못하고 좌로 꼼지락, 우로 꼼지락.
몸을 배배 꼬고…

참, 눈엣가시입니다.
자꾸 신경이 쓰여 결국 그 녀석에게 한 소리합니다.

그랬더니 그 녀석…
강의실 밖으로 그냥 나가 버립니다.

'넌 바로 F다.'

한 시간 후…
그 녀석에게 문자가 왔습니다.

"교수님, 저… 어제 치질 수술을 했어요.
교수님 수업만큼은 빠지고 싶지 않아서,
좀 무리해서 왔는데
정말 죄송합니다."

아…
'내가 정말 F다.'

* 경우에 합당한 말은 아로새긴 은 쟁반에 금 사과니라
(잠 25:11)

날씨

요즘은 유독 일기예보가 잘 안 맞는 것 같습니다.

앞으로 일기예보에서는 이 단어가 곧 사라질 것이라 합니다.
바로 '기상이변.'
자연에 이상이 생기는 탓에 매일 기상이변이 일어나니까요.

*하나님!
누리고 다스리라고 주신 자연!
잘 지키지 못해 죄송합니다.

야자와 야자

호주 시드니.

오후 3시가 되자 교복을 입은 아이들이 수업을 마치고 길거리로 쏟아져 나옵니다.

유치원생, 초딩, 중딩, 심지어 고딩까지….

모두 다 정시에 하교한다고 합니다.

호주에 살고 계신 분께 묻습니다.

"이 나라는 야자 없죠?"

그분께서 대답하십니다.

"음… 워낙 호주는 큰 나라니까… 아열대 쪽으로 가면 있지 않겠어요?"

잠깐 생각에 잠깁니다.
아열대 지역? 야자와의 연관성을…
생각 끝에 내린 결론.
'아~ 아열대 지역에 사는 아이들은 더우니까
에어컨 있는 학교에서 밤 늦게까지 공부하나보구나…'
.
.

"아… 아니요,
그 야자 말구 야자요. ^^;"

한국에만 있는.

*혹시나 싶어서
야자는 '야간 자율 학습'을 말합니다.
한국에 태어난 우리 아이들,
이른 아침부터 저녁 늦은 시간까지 학교에, 학원에 정말 쉴
틈이 없습니다. 경쟁에서 살아남으려고 너무 빨리 세상을
알아버리는 것 같습니다.

만병통치약

혹시 '파나돌'이라는 약을 아십니까?

이 약은 호주에서 만병통치약으로 소문난 약인데…

두통, 치통, 생리통, 감기, 몸살,
심지어 임산부에게까지 처방이 가능한, 가히 신비의
명약이라고 합니다.

그래서 웬만한 병에는
호주의 의사들은 모두 파나돌을 처방한다고 합니다.

호주에 사는 친구 하나가
자기 나라 약 자랑하다 못해 좀 과장을 합니다.
"이 약은 무좀에도 즉효예요…"
"정말요?"
이 사람 신났습니다.

한술 더 뜹니다.
"애인과 헤어져 상처 받은 사람도 이 약 먹으면 싹 잊어요~"

웃자고 하는 말이지만 좀 심합니다.

한국에 들어오지 않는 파나돌,
그 이유를 알 것 같습니다.

*과장이 심하면 신뢰가 떨어지기 마련입니다.
있는 그대로, 느낀 그대로가 더 설득력이 있을 때가 훨씬 많습니다.

빚

찬양 콘서트를 하다 보면 가끔 이런 분들이 계십니다.

소리엘 보려구 2시간 비행기 타고 왔어요.
소리엘 찬양 듣고 싶어서 회사 월차 내고 왔어요….

'내가 무엇이관데…
나는 아무것도 아닌데…'

요즘 이 말이 계속 생각납니다.

"I am debtor."

저는 빚진 자입니다.

빚을 갚기 위해 저는 오늘도 열심히 찬양합니다.

빚을 갚을 수 있는 것도 큰 축복입니다. ^^

* 할렐루야 내 영혼아 여호와를 찬양하라 나의 생전에 여호와를 찬양하며 나의 평생에 내 하나님을 찬송하리로다
(시 146:1~2)

낭만, 그리고 10대

중국 사람들이 가장 사랑하는 국민가요 중에
월량대표아적심(月亮代表我的心)이라는
노래가 있습니다.

말 그대로 제목을 해석하자면
'저 달빛이 내 마음을 대신하네요' 입니다

참 운치 있고 멋있는 표현입니다.

이 노래의 가사는 이렇습니다.

"당신은 내게 물었죠. 내가 당신을 얼마나 사랑하는지.
내 감정은 진실되고 내 사랑 또한 그러하답니다.
생각해 보세요. 그리고 보세요.
저 달빛이 내 마음을 대신해 주네요."

이 노래를 30대, 40대 분들이 들으면 눈을 감고
옛 생각을 하시는 듯 회상에 잠기시는데…
이 세대는 낭만을 아는 세대이기 때문입니다.

그런데 요즘 10대들에게
이런 이야기를 하면 바로 딱 한마디 합니다.

"헐!"
"대박"

*대화가 어렵다고 포기하지 마세요. 의외로 우리 아이들은 외롭답니다.
"너희는 몰라!" 이러지도 마세요.
어른들이 모르는 것을, 아이들이 더 많이 알고 있을 수도 있습니다.

신종 주기도문

얼마 전 인터넷 상에서 재미있는 글 하나를 발견했습니다.

"하드디스크에 계신 우리 프로그램이시여
패스워드가 거룩히 여김을 받으시오며
운영체계에 임하시오며
명령이 키보드에서 이루어진 것같이
모니터에서도 이루어지이다
오늘날 우리에게 데이터를 주옵시고
우리가 프로그램 오류를 사하여 준 것 같이
우리의 오타를 사하여 주옵시고
우리가 바이러스에 들게 하지 마옵시고

다만 정전에서 구하옵소서
대게 동영상과 노래와 게임들이
D:드라이브에 영원히 있사옵나이다."

"엔터"

한참을 웃었습니다.
수업시간에 신학생들에게 이야기해주니 박장대소 하며 난리입니다.
하지만 이내 걱정이 됩니다.

사단의 전략을 알기에…
그들의 노림수를 알기에…

거룩한 것을 속된 것으로 바꾸는 것!!
그것이 그들의 궁극적인 목표입니다.

*혹시 하나님의 거룩한 것을 웃음거리로 내어주고 있지는 않은지요? 거룩한 성전이 세속적인 것이 뒹구는 곳으로 변해가지는 않는지요?

슈퍼 바이러스

며칠간 마른기침으로 가슴이 맵습니다.
병원에 가보니 환절기 감기라고 하네요.
주사 맞고 집에 오니
후배에게 문자가 하나 와 있습니다.
"형! 요즘 슈퍼 결핵이 유행이래요.
감기와 증세가 똑같고요,
마른기침도 하구…
감기인 줄 알고 방치하다가 진행되면 치사율 26%래요~
중년남성, 특히 40대가 잘 걸린다는데…"
"헉"
다시 병원에 달려갑니다.

그리고 X-ray.
의사 선생님께서 말씀하십니다.
"걱정하지 마세요. 폐는 깨끗합니다.
슈퍼 바이러스 아니에요."
"아…"
이 슈퍼 바이러스는
변종 바이러스로 내성이 생겨 약을 먹어도 잘 낫지 않는
무서운 병이라고 합니다.

'내성…'
이게 무서운 겁니다.

제가 요즘 말씀을 읽어도 예전만큼은 감동이 없습니다.
눈물도 잘 안 납니다.

내 감각도, 내 영성도 무감각하게 내성이 생겼나 봅니다.

* "하나님 제 안에 당신을 향한 감각이 무뎌지지 않도록 저를 도와주세요. 잘 듣고, 잘 느낄 수 있도록…"

메뚜기도 한 철

찬양 콘서트…

선교지 방문…

해외 공연…

대학 강의…

방송…

하루하루를 정말 열심히 삽니다.

아니,

열심히 살려고 무지 많이 애씁니다.

제 주위에 저를 아껴주시는 분들이

걱정이 되셨는지 요즘 이런 말을 부쩍 많이 합니다.

"건강 챙기세요. 그러다 한 번에 훅 가요."

'아… 이젠 나도 건강을 조심해야 할 나이지…'

사실, 예전만큼 피로회복이 빠르지 않습니다.
시차 적응도 예전에는 이틀이면 됐는데 요즘은
열흘이나 갑니다.
그런데 얼마 전, 저보다 훨씬 더 바쁜 분을 만났습니다.
포도원교회 김문훈 목사님이십니다.

저도 똑같은 말씀을 목사님께 드립니다.
"목사님, 너무 바빠 보이시는데 건강 챙기셔야죠.
힘들지 않으세요?"

"장 전도사, 메뚜기도 한 철이야.
하나님 사용해주실 때 열심히 뛰어 다니는 거야."

'맞다. 뛰고 싶어도 못 뛸 때가 곧 온다…'

* 세월을 아끼라 때가 악하니라 그러므로 어리석은 자가 되지 말고 오직 주의 뜻이 무엇인가 이해하라   (엡 5:16~17)

결코 흔들리지 않는 것

버스를 타고 비포장도로를 달려보신 적이 있으신가요?

버스가 속도를 내면 낼수록 버스 안의 사람들은
넘어지지 않으려고
손잡이를 꼭 붙잡습니다.

손잡이를 잡는다고 흔들리지 않는 것은 아닙니다.
왜냐하면
버스가 흔들리고 있기 때문입니다.

우리가 살고 있는 이 지구는 태양 주위를 돌며 심하게

흔들리고 있습니다.
느끼지 못할 뿐이지
그 안에 사는 우리도 함께 흔들리고 있는 것입니다.
이 세상에 어떤 것도 흔들리지 않는 것은 없습니다.

그래서 저는 흔들리지 않는 것을 잡으려 합니다.
바로 이 세상을 만드신 하나님의 손입니다.

* 그러므로 우리가 흔들리지 않는 나라를 받았은즉 은혜를 받자 이로 말미암아 경건함과 두려움으로 하나님을 기쁘시게 섬길지니 (히 12:28)

주유소에서

어느 여름 늦은 저녁, 아니 새벽.

청소년 캠프를 마치고 지친 몸으로 집으로 돌아오는 길에
주유소에 들렀습니다.

새벽 2시.
보통 그 시간에는 일하시는 분들이 아저씨들이신데
그 주유소에는 어려 보이는 학생 하나가 혼자서 일을
하고 있었습니다.

"학생! 알바하는 거예요?"

"네."

"힘들지 않아요?"
"아뇨, 안 힘들어요."

미소를 지으며 밝게 대답하는 그 친구.

"학교는? … 아…"
아차 싶었지만
그 친구는 의외로 시원하게 대답합니다.

"아버지가 얼마 전에 쓰러지셔서 잠깐 휴학했어요.
벌어서 다시 공부해야죠."
참 대견하고 예쁜 친구입니다.

"그래요…."
기름을 다 넣고
신용카드 결제하고 영수증에 사인을 하고 있는데…

제 얼굴을 힐끗 쳐다보더니

"어… 혹시… 소리엘 아니세요?"

"날 아니?"

"그럼요~!! 작년 겨울에 캠프에서 봤어요.
옷에다 사인도 받았는데요… 헤헤…"
반가워하는 그 친구의 얼굴이 발그레 상기되어 있습니다.
"지금 어디 다녀오시는 길이세요?"
"응… 캠프 다녀오는 길이야."
"아, 네…"

"이번 여름에는 캠프 못 갔니?"
"네…"

"가고 싶지?"
"네…"

"예전에는 몰랐는데 못 가는 상황이 되니까 더 가고 싶어
요…"

맘이 짠합니다.

주머니를 뒤져 보니 만 원짜리, 그리고 천 원짜리 몇 장이 손에 잡힙니다.

작게 접어 손바닥에 쥐고 그 아이의 손에 꼭 쥐어 줬습니다.
"이거 받아."
"아… 아니에요!"

"예뻐서 그래…
큰돈 아니지만 먹고 싶은 거 있음 사먹구
다음 겨울 캠프 때는 꼭 다시 만나자. 응?"
"고맙습니다…"

요즘도 가끔 그 주유소를 지날 때면 아직도 그 아이가 있는지 살펴봅니다.

* 지성(至誠)은 하늘을 움직이는 것이다. 하물며 사람에 있어서랴. 오직 천하의 지극히 성실한 사람만이 남을 교화시킬 수 있게 된다.　　　　　　　　　　　- 중용 -

잊지 못할 에피소드

하루하루 찬양을 드리는 삶은
세상에서 가장 행복한 일인 것 같습니다.

그날도 열심히 찬양을 드리고 집으로 돌아갈 준비를 하는데

한 신혼부부가 갓난아기를 안고 제게로 와 정중히 인사를
합니다.

"안녕하세요?"
"아, 네 안녕하세요."

"너무너무 뵙고 싶었어요.
우리 두 사람 다 소리엘 팬이에요."

"아, 그러세요. 감사합니다. ^^"
"사실 우리 두 사람, 소리엘 때문에 만났거든요…"
"이 아이 이름이 뭔지 아세요??"
"애기가 예쁘네요. 이름이 뭔데요??"
…
"리엘이요."

"오… 리엘. 이름 예뻐요. 특이하구요."

"그럼, 성은요?"
"소, 요."

"아… 소리엘… 네? 소리엘이요?"
"네. 우리 아기 이름이 소리엘이에요. ^^"

자초지종을 묻자,
이 부부, 소리엘 콘서트장에서 우연히 만났다고 합니다.

서로 모르는 사람들끼리 우연히 옆자리에 앉았다가
두 사람
그날 눈이 맞고, 연애를 하다
결혼으로까지 골인했다 합니다.
그 후 아이를 갖게 되었는데,
아기아빠 성이 '소' 씨였던 차에…
두 사람,
만장일치로 이 아이의 이름을 소리엘로 지은 것입니다.

참 고마우면서도
한편으론 책임감을 느낍니다.

오늘도 예쁜 우리 '리엘' 이는 무럭무럭 잘 자라고 있을 것입니다.

*소리엘 이름의 뜻은 한글 '소리'와 히브리어 '엘'의 합성어로 하나님의 소리라는 뜻을 가지고 있습니다.

돌아오지 않은 만 원

인터뷰를 하게 되면 기자들에게 가장 많이 받는 질문이 있습니다.

"전도사님은 20년 이상 사역을 하셨는데
가장 기억에 남는 에피소드나 기억에 남는 사람,
있으세요?"

이런 질문을 받을 때마다 꼭 떠오르는 사람이 하나 있습니다.

이 친구는 아주 오래도록

제 기억에서 지워지지 않을 것 같습니다.

그 친구는
'저에게 돈 빌려가서 돈 안 갚은 친구' 입니다.

2년 전.
심장병 어린이들을 위한 음악회가 열렸습니다.

그날 많은 분들이 오셨고
모금하는 시간에도 모두 다 기쁨으로 함께 참여를
해주셨습니다.

음악회를 마치고 돌아가려는 순간,
대학생으로 보이는 한 청년이 머리를 긁적이며
제게 말을 건넵니다.

"저… 전도사님…"
"응? 왜?"

"저… 죄송한데요… 돈 좀 꿔주실래요…"

"잉? 돈? 왜?"

"네… 아까 심장병 아이들을 보니까 마음이 너무 짠해서 헌금시간에 지갑에 있는 돈을 다 털어 냈어요."

"에구… 기특하네. 얼마 헌금했는데??"
"만 삼 천 원이요."

"그래… 잘했다. 그런데?"

"아… 집에 갈 차비가 하나도 없어서요….
저기, 죄송한데… 삼 천 원만 꿔 주실 수 있으세요?"

참 예뻤습니다.

자신의 차비까지 아낌없이 다 털어 남을 도운 그 마음이….

"삼 천 원이면 되겠어?"
"네…"

주머니를 뒤져보니 만원 한 장이 있었습니다.
"야, 이거 받아."
"아, 아니에요!!
삼 천 원만 빌려 주시면 되요."

"이그… 예뻐서 주는 거니까 그냥 가져도 돼. 어서 받아."
"아니에요. 그래도 이건 경우가 아니죠."

"그럼 전도사님, 계좌번호 적어 주세요. 제가 내일 꼭 갚을 게요."
"됐고. 그냥 가지라니까…"

이 친구, 한 고집 합니다.
결국엔 또박또박 계좌번호를 적어갑니다.

"감사합니다! 내일 꼭 보내드릴게요! 안녕히 가세요~!"
그리고 후다닥 뛰어 갑니다.

그 친구의 뒷모습이 그렇게 대견스러울 수가 없습니다.
마음도 따뜻하고, 예의도 바르고…

그러나,
내일 꼭 입금하겠다던 그 친구

2년이 지났는데…
아직까지 제 통장에 소식이 없습니다.

지금도 그 친구가 자주 생각이 납니다.
돈을 못 받아서가 아닙니다.

자신이 가진 것 전부를 모두 드릴 수 있었던
그 친구의 마음 때문입니다.

내가 가진 것의 부분을 드리는 것은 어렵지 않습니다.
하지만 100%를 드리는 것은 결코 쉽지 않다는 것을
알기 때문입니다.

저는 하나님이 어떤 사람을 쓰시는지를 잘 알고 있습니다.

* 가진 것이 많지 않아도, 전부를 기쁘게 드릴 수 있는 용기
를 가진 사람을 하나님은 찾으십니다.

나를 감동시킨 아이들

저는 콘서트 하기 전에는 꼭 손을 씻는 버릇이 있습니다.
2박 3일 캠프의 마지막 날,

마지막 콘서트.

그날도 콘서트를 시작하기 전
손을 씻기 위해 화장실로 들어가 세면대에 섰는데

거울에 비친 제 모습 뒤로 강당을 몰래 빠져나온 두 녀석이
화장실 안으로 급하게 들어오는 모습이 보였습니다.
차림새를 보아하니 질풍노도의 시기를 심하게 겪고 있는

아이들이었습니다.
머리는 염색을 해서 한명은 파랑, 또 한명은 노랑입니다.
왁스를 발라 머리카락은 하늘로 사정없이 치솟아 있었고
귀에는 귀걸이를 두 개 씩이나 하고 있었습니다.

'이 녀석들, 담배 피러 들어 왔나보네.'
물증을 잡으면 따끔하게 한 마디 하려고 지켜보며
기다리고 있는데…

한 녀석이 큰일을 보러
다급히 안으로 들어가고
한 녀석은 그 친구를 밖에서 기다립니다.

안에 들어간 녀석
좀 이상한 말을 합니다.
"야, 미안해.
어제 먹은 게 소화가 잘 안 되네.
미안한데…
조금만 더 기다려 줄 수 있겠니?"

'있겠…니??'

이런 '~니?' 라는 말은 저런 아이들의 입에서 좀처럼 나오
지 않는 단어이기 때문입니다.
느낌이 좀 이상해서 손을 씻는 척하며 아이들의 대화를
좀 더 엿듣습니다.
이번엔 밖에 있던 친구가 안에 있는 친구에게 말을 합니다.

"야… 잘 안 나와? 아…
어떡하냐… 내가 기도해줄까?"

'…'

아… 뭔가 이상합니다.

콘서트가 시작되었습니다.
2,000명의 아이들 중에,
그 아이들을 찾기 시작합니다.

찾는데 10초도 채 걸리지 않습니다.

머리가 파랑과 노랑이니 한 눈에 딱 들어옵니다.

어? … 이 두 아이…
맨 앞줄에 앉아 눈물을 흘리며 두 손 들고 찬양을 합니다.

'뭔가 있구나!'

나중에 이야기를 들어보니
이 두 아이,
문제아 맞다고 합니다.
교회에서도 포기한 아이들…
캠프에 여자아이 꼬시러 왔다는데…

바로 어젯밤,
기도회 시간에 … 주님을 만난 것입니다.

아직 헤어스타일과 귀걸이는 해결을 못했지만…

주님을 만나자
말이 바뀌기 시작하고

행동이 변화되기 시작한 것입니다.

제가 봐도 이렇게 예쁜데, 하나님 보실 때 얼마나 예쁠까!
생각을 해봅니다.

사람은 포기해도 하나님은 절대 포기하지 않으신다는 말씀
이 떠오릅니다.

기대가 됩니다.
이 두 아이의 미래가…

* 우리가 선을 행하되 낙심하지 말지니 포기하지 아니하면
  때가 이르매 거두리라   (갈 6:9)

헛갈리는 앙케이트

* 맞는 곳에 체크하시오.

1. 대한민국에서 가장 훌륭한 대통령은?

① 국민이 좋아하는 대통령 ( )
② 야당 국회의원들도 존경하는 대통령 ( )
③ 욕 안 먹는 대통령 ( )

2. 대한민국에서 가장 훌륭한 목사님은?

① 온 국민이 존경하는 목사님 (　)

② 조계종에서도 초청하고 싶어하는 목사님 (　)

③ 교인보다는 아내와 자녀에게 더 존경받는 목사님 (　)

3. 아내들이 뽑은 가장 멋진 이 나라의 남편은?

① 돈 많이 버는 남편 (　)

② 자상한 남편 (　)

③ 살림 잘하는 남편 (　)

* 아~ 저는 잘 모르겠습니다.

팬클럽

요즘 최고 인기 아이돌 그룹과 함께 공연을 했습니다.

아이돌 그룹답게
팬클럽들이 벌써 콘서트장 앞좌석을 모두 점령합니다.

천만다행히 저는 아이돌 그룹보다는
앞 순서였습니다.

제 순서를 마치고,
그들의 공연을 보기 위해 저도 함께 기다립니다.

조명이 켜지고 MC의 소개와 함께

아이돌의 등장!

팬들 아우성.

소리소리 지르다

이젠 울부짖습니다.

이 아이돌들

나이는 어리지만

5~6년의 연습생 시절을 마치고 데뷔한 가수답게

무대 매너도 좋고, 노래도 잘합니다.

무대는 가수와 팬들이 하나가 되어

이미 엄청난 열기로 뜨겁습니다.

정말 대단한 무대입니다.

준비했던 두 곡을 모두 마치고

아이돌들이

대기실로 황급히 들어가자

어처구니없는 상황이 벌어집니다.

무대 앞좌석을 점령했던
그 아이돌의 수백 명의 팬들이
갑자기 우르르 일어서더니
팬클럽 회장의 명령에 따라 일제히 공연장 밖으로
나가버리는 것이었습니다.

아직 공연이 많이 남아 있는데…

저를 비롯한 객석의 모든 관객들, 당황합니다.

대담하면서도, 예의 없는 행동.

하지만 그들은 늘 있었던 일인 양
사람들의 눈총 따위에는 아랑곳 하지 않고
콘서트 장을 당당하게 빠져 나갑니다.

팬클럽 아이들은…
좋아하는 아이돌 오빠 외에는 어느 누구도 의미가 없어 보였습니다.

오빠들을 위해서라면 어떤 부끄러움도 감수합니다.
오빠들을 만나야 비로소 그들은 행복해 합니다.

오빠들 행동 하나에 울고
오빠들 멘트 하나에 웃습니다.
그리고 열광합니다.

항상 오빠들의 노래를 들으며,
오빠들의 사진을 품고 잡니다.

이 글을 쓰는 이 순간…
갑자기 마음속에 부끄러움이 밀려옵니다.

'오빠들' 대신에
저는 '예수님' 이라는 이름을 당당히 넣을 수 있는지?

> * 나쁜 매너는 이성도 정의도 깨뜨리고 만다. 그러나 세련된 매너는 싫은 것도 잘 보이게 한다.   – B. 그라시안–

5월에는 1

5월에는 어린이날이 있습니다.

어린이날은 아이들에게는 가슴 벅찬 날이지만
부모님들에게는 이만저만 고민이 말이 아닙니다.

일단 가장 큰 고민은 선물입니다.
저도 아이들에게 선물을 준비해야 할 의무가 있으므로
인터넷에서 아이들이 가장 갖고 싶은 선물을 검색해 봅니다.

역시 제 예상이 틀리지 않습니다.

고가이면서 본인들에겐 매우 실용적인 것들.

게임기,

휴대폰,

그리고

현금.

* 네 자식을 징계하라 그리하면 그가 너를 평안하게 하겠고
또 네 마음에 기쁨을 주리라   (잠 29:17)

5월에는 2

5월에는 어버이날도 있습니다.

어버이날은 일 년에 딱 한 번,
공식적으로 부모님들이 가슴 뿌듯해질 수 있는 날입니다.

빨간 카네이션 하나면 족하지만
그래도
3일 전 어린이날 투자했던 것에 대한 반응이 궁금해지는
날이기도 합니다.

인터넷을 검색해 봅니다.

요즘 아이들은 부모님들께 어떤 선물을 드리고 싶어 할까?

직접 만든 카네이션,

주름 제거제,

염색약,

그리고

단연 1위 '마음.'

* 네 부모를 공경하라 그리하면 네 하나님 여호와가 네게 준 땅에서 네 생명이 길고 복을 누리리라   (신 5:16)

산소 결핍

색소폰을 부는 후배가 하나 있습니다.
이 친구는 소원이 하나 있었는데

백두산 천지에서 '주 하나님 지으신 모든 세계'를 멋지게
연주하는 것이었습니다.

어느 날, 그 소원을 이룰 수 있는 기회가 생겼습니다.

중국 공연이 잡히면서,
소리엘 연주자 자격으로 중국에 방문하게 된 후배가
백두산에 함께 관광을 할 수 있는 기회가 생긴 것입니다.

다행히 날씨도 좋아 멋진 천지를 볼 수 있었습니다.
드디어
감격스런 후배의 소원이 이루어지는 순간이 온 것입니다.

색소폰 케이스에서 조심스레 악기를 꺼내들고
연주를 시작합니다.

'주 하나님 지으신 모든 세계~~~'
정말 멋진 연주와 백두산 천지의 광경이 한 편의 뮤직 비디오를 보는 듯합니다.

너 나 할 것 없이 색소폰 소리에 맞춰
함께 찬송을 부르기 시작합니다.

1절~ 그리고 2절~
3절 부르는데 … 소리가 좀 이상해지기 시작합니다.

색소폰 음정이 떨어지기 시작하면서
소리가 작아지더니
결국은 연주가 멈춰진 것입니다.

순간 모든 사람이 색소폰 연주자를 쳐다봅니다.

… 앗
후배가 바닥에 주저앉아 고개를 푹 떨구고 있는 것입니다.
"왜 그래? … 괜찮아?"

사건의 진상은 이렇습니다.

백두산 정상은 2744m.

그 높은 곳에서 색소폰을 있는 힘껏 불어대니
이내 머리가 어지러워지는 산소결핍이 온 것입니다.

나중에 모두 한 바탕 웃었습니다.
4절까지 불렀다가는 후배를 등에 업고 백두산을 내려 올 뻔 했습니다.

그날 후배에게 해주고 싶은 말이 하나 있었습니다.

'산에서 연주하고 싶으면 제발 높이 봐가면서 하라고…'

*그래도 그 날의 연주와 그 찬양은 오랫동안 잊혀지지 않는 은혜의 자리였습니다.
무엇이든지 희생 없는 대가는 없나 봅니다.

힘 있을 때 잘 해

찬양을 드리다 보면
성도들의 모습을 통해 은혜를 받을 때가 참 많습니다.

하지만
반대로 몇몇 사람들의 모습으로 인해
마음이 상할 때도 있는데

다 함께 박수칠 때 팔짱을 끼고 있거나
모두 일어나 찬양할 때 끝까지 자리에 앉아 있는 분들을 볼 때입니다.

물론 저의 욕심일 수도 있지만
그래도 찬양은
모두가 한 마음, 한 모습으로 드릴 때 참 아름답다는 생각을
많이 합니다.

오늘은 유독 할머니 한 분 때문에 신경이 쓰입니다.

다른 할머니들은 모두 함께 동참해 주시는데
이 할머니는 표정도 안 좋으시고 전혀 박수도
안 쳐주시고…
그리고
집회가 모두 끝났습니다.

짐을 정리하는 동안 모든 분이 나가셨는데
아까 그 할머니만 가지 않으시고 자리에 앉아 계십니다.

살짝 걱정이 되어
할머니께 다가가 말을 걸어봅니다.

"할머니 집에 안 가세요?"

"젊은이 아까 미안했으이…"
"무슨 말씀이신지…?"

"아까 자네가 나 보면서 속상해 하는 거 같아서 내 맴이 안 편해…"
"아… 죄송해요… 그런 게 아닌데… 할머니, 용서하세요."

"내가 지난달에 무릎 수술을 해서 힘이 없어… 일어나고 싶어도 몸이 쑤셔서 못 일어나…"
"아… 그러셨군요…"

"젊은이, 힘 있을 때 열심히 혀. 힘 없으면 못 혀. 알것제?"
"…"

* 쉴 새 없이 보다 나은 사람이 되기 위해 노력하자. 여기에 인생의 참된 의미가 포함되어 있다. 어떻게 계속해서 앞으로만 나아갈 것인가. 그것은 오직 노력에 의해서 가능하다. 노력 없이는 결코 나은 사람이 될 수 없다. 신의 왕국은 노력에 의하여 파악된다. 이것은 결국 악으로부터 벗어나 선인이 되기 위하여 노력이 필요하다는 것을 의미한다.
— 톨스토이 —

"웁스"

미국 애틀랜타로 공연을 하러 갔습니다.

작은 시골교회였지만
성도들의 마음이 참 따뜻한 사랑 많은 교회였습니다.

집회가 모두 마치자
성도들께서 식사를 대접하고 싶다고 해서
교회 근처에 있는 패밀리 레스토랑에 자리를 잡고
앉았습니다.

도란도란 이야기를 나누는데

목사님께서 음식이 나오기 전에 미리 식사 기도를 하자고
제안을 하셔서
다 함께 눈을 감고 기도를 하기 시작했습니다.
"주님! 오늘 저희에게 귀한…"

탁!-
그리고
"웁스"

순간 저도 모르게 눈을 뜨고
도대체 무슨 소리인가 확인해 보았습니다.

역시 예상대로
식당 여종업원이 접시를 탁자에 내려놓는 소리였습니다.

다시 저는 눈을 감고 계속 기도를 합니다.

목사님께서는 꿋꿋이 꽤 긴 기도를 마치셨고,
눈을 떴을 때는
모두 다 희한한 광경을 목격하게 되었습니다.

조금 전 접시를 내려놓던 여종업원이
접시 5개를 양손에 끼고 묘기를 하듯 저희를 지켜보고
있었습니다.

'아니 내려놓던 접시, 마저 내려놓지… 왜 들고
서 있는 거람?'

땀까지 삐질 삐질 흘리며 꼼짝 안 하고 서 있는 그 모습이
안쓰럽기까지 했습니다.

식사를 대접하시는 장로님께서 유창한 영어로
말씀하십니다.

"What are you doing?"
"I'm so sorry. Sorry…"

'아니 무엇이 미안하다는 거지?'

궁금했습니다.

여종업원 왈,
접시를 내려놓는데 느낌이 이상해서 손님들 얼굴을 봤더니
기도를 하고 계시던 중이었다고 합니다.

순간 자신도 모르게
'웁스!'

기도하시는데 방해해서 너무 미안하다고…

"아!"
미국이라는 나라,
부러워 해본 적이 별로 없지만 오늘은 쪼~금 부럽습니다.

* 세계를 여행하다 보면 세상이 참 넓고 다르다는 생각을
하게 됩니다. 그 다른 것 중에서도 다른 사람을 위해 기다려
주는 모습은 정말 보기 좋았습니다.
지금, 뒤에 오는 사람을 위해 문을 확~ 닫지 말고 잠깐만
기다려주는 것은 어떨까요?

저를 기억해주세요

방학이 되면
저를 가장 가슴 부풀게 만드는 것이,
수많은 청소년들을 만나는 일입니다.

지금 제 나이가 불혹이지만
아직까지
10대들과 함께 호흡할 수 있다는 것이 저의 가장 큰 축복 중에 하나일 것입니다.

오늘도 2,500여 명이 모여 있는 캠프에서,
새벽이슬 같은 아이들과 한 호흡으로 찬양을 드립니다.

콘서트를 마치고
집에 가려는데 녀석들이 몰려와 사인을 해달라고 조릅니다.

하나하나 사인을 해주고 있는데
덩치가 있는 커다란 녀석 하나가 제게 다가와 말을 건넵니다.

"전도사님, 한 번만 안아 봐도 돼요?"

그 친구의 얼굴을 보니 도저히 거절을 할 수 없었습니다.

"그래…"
그 친구, 제 갈비뼈가 으스러지게 안습니다.

느낌이 좀 이상해서 보니 제 목덜미가 축축합니다.

그 아이가 울고 있는 것이었습니다.
…

"전도사님, 저 그동안 많이 힘들었는데, 오늘 찬양하면서 많이 힘을 얻었어요."

"전도사님!
10년 후에 제가 전도사님 다시 찾아뵙겠습니다.
제가 어떤 사람이 돼서 나타날지 기대해주세요."

이 아이의 눈빛이 예사롭지 않습니다.
정말 기대가 됩니다.

"그래, 고맙다!"

* 이 아이들 때문에 오늘도 목이 터져라 노래를 불러도 하나도 피곤하지 않습니다.

"몇 시야?" "메시아"

저에겐 어린 아들이 하나 있습니다.
이름이 하준이,
요즘 영어공부에 푹 빠져 있습니다.
아직 어려서 영어까지 신경 쓸 나이는 아니지만
그놈의 조기 교육이 아들을 잡습니다.
어설픈 영어지만 열심히 노력하는 아들의 모습이
대견스럽습니다.

오늘 지인에게
'메시아'라는 성서 만화책을 선물로 한 권 받았습니다.
비록 만화이지만 완성도도 훌륭하고 내용도 좋고…

만화 좋아하는 아들에게 건네주며 묻습니다.
"하준아~
너 메시아가 무슨 뜻인지 알아?"
아들은 어이 없다는 듯 아빠를 쳐다봅니다.

"아빠 그것도 몰라요?"

"왓 타임 이즈 잇 나우~ 잖아요."

헉…

너무 빠지면 헷갈리나 봅니다.
"하준아~ '몇시야'가 아니라 '메시아' ~"

* 어느 한 곳에 너무 빠져 버리면 다른 것들을 제대로 바라보기 어렵습니다. 하나님께서는 우리가 좋아하는 것을 함께 좋아하시나 우리가 너무 그것에만 빠져 있으면 걱정하십니다. 하나님도 잃어버릴까봐…

"넌 말이라도 하지"

살면서 아주 난처한 경우 중 하나가
화장실이 아주 급한데 화장실이 보이지 않을 때입니다.
저는 그동안 이런 상황을 세 번 겪었습니다.
한 번은 운전을 하고 있는데 신호가 왔습니다.
상태가 심각합니다.
5분 안에 해결이 안 되면 대형 사고가 날 것 같았습니다.
주유소를 찾습니다.
주유소에는 화장실이 있기 때문입니다.
아~
찾았습니다.
차를 버려두고 뜁니다.

한 칸짜리 화장실.

'헉'

화장실 문 앞에 사람이 있습니다.

안에는 이미 한 사람이 들어가 있었던 것입니다.

아저씨에게 간곡히 부탁을 드립니다.

"저… 죄송하지만,

제가 먼저 좀 들어가면 안 될까요?

너무 급해서…"

그때 그 아저씨의 표정…

제게 했던 말을 잊을 수 없습니다.

"넌 말이라도 하지…"

'아…'

살다 보면 힘들 때가 있습니다.

저는 그때마다 그 아저씨의 얼굴과 그 말을 떠올립니다.

"넌 말이라도 하지…"

* 세상에는 저보다 힘든 사람이 생각보다 많습니다.
그들을 생각하며 다시 한 번 용기를 내어봅니다.

차 한 잔

일 년에 두세 번은 선교지를 방문합니다.
이번에는 베트남입니다.
항상 느끼는 마음이지만
'세상에는 도와야 할 사람도, 기도해 주어야 할 사람도 참 많구나.'
생각이 듭니다.
이번 베트남에서 만난 아이는
'디에우' 라는 소년가장입니다.
20kg도 안 되는 몸으로
자신의 몸무게보다 몇 배나 많은 통나무를 베어 팔아,
하루하루 먹고 사는 그런 아이입니다.

교통사고로 아버지가 돌아가시고 가사를 도맡은 디에우.
11살짜리 아이라고 하기에는
이미 인생의 깊은 수렁을 여러 번 헤치고 나온 아이라
천진난만한 모습은
찾아보기 어렵습니다.

제가 디에우를 처음 만난 곳은 병원이었습니다.
이 소년가장이 귀와 코에 이상이 생겨 병원에 입원한 것입니다.

저희는 디에우의 손을 붙잡고 함께 기도하고
노래 한 곡을 불러 줍니다.
"감사해요. 깨닫지 못했었는데…"

이 노래를 듣는 중에 디에우는 눈물을 흘립니다.
가사를 알아들었을 리는 만무하지만 마음으로 무언가가
전해진 것 같습니다.
디에우가 병원에 있는 동안,
걱정은 바로 디에우의 가족입니다.
어머니와 4명의 동생들…

그들을 만나기 위해 정글로 들어갑니다.
숲속 나무 위에 집을 짓고 허술하기 짝이 없는 환경에서
여섯 식구가 살고 있습니다.
낯선 얼굴에
디에우 엄마와 아기들이 잠시 놀라긴 했지만,
이내 디에우를 도와주러 온 사람이라는 이야기를 듣고는
이내 긴장을 풀고 미소를 지으십니다.

집안을 둘러보니 세간 하나 변변한 것이 없습니다.
디에우 어머니는 귀한 손님이 왔다고 차를 끓이십니다.

십년 동안 닦지 않은 듯한 주전자.
그으름과 때가 심하게 묻어 완벽하게 검은색이 된 주전자에
물을 끓이십니다.
그리고
그 물을 십년은 닦지 않아 보이는 유리컵에 부어주십니다.

이 물을 마시면 당장 병에 걸릴 것 같습니다.
그래서는 안 되지만 어쩔 수 없이
디에우 어머니가 다른 곳을 볼 때

재빨리 물을 바닥에 부어 버립니다.

그러자

디에우 어머니는 빙긋이 웃으며 다시 잔에

물을 가득 채워 주십니다.

이 잔의 물을 입에 대지 않으면 한 주전자를 모두

부어주실 것 같습니다.

물 한 모금 들이키는데

갑자기 속에서 울컥 합니다.

이들이 할 수 있는 최고의 대접.

끓인 물 한 잔.

'한 잔의 물이 이처럼 따뜻할 수 있구나!'

차 한 잔을 받아 들고 제법 철이든 제 모습을 발견합니다.

* 그들이 대접한 차 한 잔은 어쩌면 그들에게는 과부의 두 렙돈일지도 모를 일입니다. 진정 상대방을 이해하기 위해서는 영어 단어 'understand'의 어원처럼 상대의 아래에 서서 봐야 할 것입니다.

천국에 가장 빨리 가는 방법

결혼 예비학교를 아시나요?
결혼하기 직전의 선남선녀들이 모여
결혼하기 전의 마음가짐,
결혼 후 가져야 할 여러 가지 소양을 함께 배우는 그런
유익한 프로그램입니다.

저는 마지막 날
파이널 콘서트를 하기 위해 기다리고 있습니다.

전체 프로그램을 진행하는 총무님께서 만 원짜리
문화상품권을

걸고 퀴즈를 내십니다.

"서울에서 부산까지 가장 빨리 가는 방법은?"
커플마다 난리 났습니다.
만 원에 목숨을 겁니다.
소리소리 지르고 총무님 눈에 띄기 위해 의자 위에 올라가고…

"비행기!"
"아닙니다."
"KTX!!!"
"아, 아닙니다."
점점 자신들이 없어집니다. 뭘까?
누군가 외칩니다.
"총알 택시!!"
"형제님, 택시 운전하세요?"
총무님이 묻자 이내 좌중에 폭소를 자아냅니다.

"… 아무도 모르는군요. 제가 정답을 말씀드리죠."
"정답은 … 사랑하는 사람과 함께 가는 것입니다."

"아~~~"

탄식이 흘러나옵니다.

맞습니다.

결혼 예비학교라는 것을 감안한다면 충분히 로맨틱한

정답을 유추할 수 있었을 것을…

'사랑하는 사람과 함께…'

맞는 답입니다.

우리들에게 가장 긴 여행은 '인생' 이라는 여정이 아닐까요?

어느 분은 인생이 너무나 힘들고 지쳐서

'이 놈의 지겨운 인생' 이라는 말씀을 하십니다.

하지만

인생 여정에 사랑하는 사람과 동행을 한다면,

우리 인생도 그다지 길게 느껴지지는 않을 것입니다.

인생의 동반자…

당신은 누구와 함께 하고 싶으신지요?

네…;^^

그분과 꼭 함께 하십시오.

* 사랑은 오래 참고 사랑은 온유하며 시기하지 아니하며 사랑은 자랑하지 아니하며 교만하지 아니하며 무례히 행하지 아니하며 자기의 유익을 구하지 아니하며 성내지 아니하며 악한 것을 생각하지 아니하며 불의를 기뻐하지 아니하며 진리와 함께 기뻐하고 모든 것을 참으며 모든 것을 믿으며 모든 것을 바라며 모든 것을 견디느니라 (고전 13:4~7)

진짜 태교

예전의 저는 중, 고, 대, 청년들에게 압도적인 사랑을
받았습니다. ^^
하지만 요즘은 아줌마, 할머니들에게 압도적인 사랑을 받습
니다.
집회를 하다 보면
10대, 20대 때에 소리엘의 노래를 듣고 은혜를 받았던
세대가 지금의 기성세대까지 그대로 이어지는 것 같습니다.
그런데 오늘 새롭게 깨달은 것 중 하나가
유독 소리엘 집회에 산모들이 많이 참석한다는 것입니다.

오늘 노래를 부르는데

스피커 바로 앞에 만삭의 산모가 앉아 있습니다.
좀 걱정이 됩니다.
스피커 소리가 보통 큰 게 아니라서,
좀 염려가 되어 물어봅니다.

"괜찮으세요? 아이가 놀랄까봐 걱정이 되네요…"
그러자
산모는 손 사레를 치며

"일부러 여기 앉은 거예요…
아이가 뱃속에서 좋다고 난리예요…
저, 태교하는 거예요."

"아… 태교!"
이 산모 덕택에 집회는 은혜로운 집회가 되었습니다.

> * 생각하는 것에 따라 우리의 환경은 천국도, 그리고 지옥도 될 수 있습니다. 주님 주신 것에 만족하고, 감사하며 산다면 우리는 어떠한 상황 속에서도 행복할 수 있습니다.

아이돌 때문에

제가 사는 집, 아래층에 아이돌이 삽니다.
(이 아이돌이 누구인지를 밝히지 못함을 이해하십시오)

아파트 주차장 입구에는
항상 5~6명의 중, 고생 아이들이 이들을 만나려고 기다리고 있습니다.

아침부터 저녁까지, 비가 오나 눈이 오나 오로지
오빠들을 만나기 위해 기다립니다.

한 번은 너무 애처로워 아이들에게 말을 건넵니다.

"얘, 안 힘드니?"

아이들은 아무 관심 없다는 듯이 건성으로 대답합니다.
"신경 쓰지 마세요."

참 대단합니다.
'아이들의 이 정도 정성이라면
무엇을 해도 해낼 수 있겠다' 라는 생각이 들 정도입니다.
그런데
아이 중에 하나가 저를 보더니 화들짝 놀랍니다.

"어? 소리엘 아니세요?"
"너, 나 아니?"

"그럼요. 우리 교회에 오셨잖아요?"
"얘도 같은 교회예요?"

이 두 아이에게 무슨 말을 해주어야 할지 난감합니다.

"안 추워? 힘들지 않아?"

"괜찮아요."

두 아이가 웃으며 대답합니다.
하지만 다른 아이들과는 다르게 이 아이들은 저를 대하는 모습이 겸연쩍은 모양입니다.

"그 오빠들이 그렇게 좋아?"
우문을 던집니다.

"네…"
에구,
아이들이 오빠들을 빨리 만났으면 하는 생각이 듭니다.

이 아이들의 모습을 보면서 저는 회개를 했습니다.

누군가를 저렇게 간절히 기다리는 모습이 저를 부끄럽게 합니다.

주님을 사모하는 마음이
저 아이들의 반에 반도 못 쫓아간다는 생각이 자꾸 듭니다.

몇 주 지난 뒤
전해들은 이야기입니다.

그날 만났던 교회에 다니는 아이 중 한 명이
아이돌 중에 꿈에 그리던 오빠를 드디어 만났답니다.

그리고
바로 그 주에 감사헌금을 드렸답니다.

> * 무엇이든지 간절히 원하면 이루어집니다. 온통 신경이 그곳으로만 모아지기 때문이지요. 우리 그리스도인들에게 중요한 것은 어떠한 꿈을 꾸는가 하는 것입니다. 누구와 함께 꾸는가 하는 것입니다. 누구와 함께 나누는가 하는 것입니다.

누구를 위한 갈채?

소리엘 초창기 때 일입니다.

노래를 부르고 나면 사람들이 갈채를 보내 주십니다.
그런데
그 환호와 박수가 하나님께 드리는 것이 아닌,
왠지 저에게 보내주는 갈채 같아서 마음이 많이
불편했습니다.
하나님의 영광을 가로채는 배은망덕한 마음이 들었기
때문입니다.

"하나님,

제가 온전히 하나님께만 영광을 올려 드려야 하는데
자꾸 하나님의 영광을 가로채는 것 같습니다.
사람들의 박수가 부담이 됩니다."

그때 하나님께서 제 마음속에 이런 말씀을 주셨습니다.

"너를 만든 이도 나고,
너로 하여금 노래를 부르게 한 이도 나인데
사람들이 너에게 보내는 박수도 나에게 보내는 마음이
아니겠느냐?"

'아 맞다 우리 하나님은 쩨쩨한 하나님이 아니시지…'

* 포악을 의지하지 말며 탈취한 것으로 허망하여지지 말며 재물이 늘어도 거기에 마음을 두지 말지어다 하나님이 한두 번 하신 말씀을 내가 들었나니 권능은 하나님께 속하였다 하셨도다   (시 62:10~11)

작지만 큰 기쁨

찬양 사역을 하다 보면 일정이 많아 감당이 안 될 때가
있습니다.

어느 분은 너무 욕심을 부리는 것이 아니냐고 질책하시는
분도 계십니다.
하지만 사정은 다릅니다.

예전에는 초청된 교회 위주로 사역을 하다 보니
자연히 예산이나 행사가 넉넉한 대형교회 위주로
사역 요청이 들어오고
그러다 보니 상대적으로 작은 교회나 개척교회는

점점 소리엘을 만나기가 어려워지게 되었습니다.

집회를 대형교회에서만 한다는 것…
사실 이것이 마음속에 늘 불편함으로 자리 잡게
되었습니다.

그래서 오랜 고심 끝에
한 가지 결심을 하게 되었습니다.

몇 군데 신학교를 찾아가 각 교회 전도사님에게
사례나 성도 수는 상관없으니
언제든 편안하게 불러달라고 부탁을 드렸습니다.
그러자
개척교회에서도 하나, 둘 연락이 오기 시작했습니다.

인원수가 30명 미만인 교회.
수천 명이 모이는 교회에 비해 음향도 부족하고 준비도
미흡하지만 마음만큼은 풍성합니다.

오랫동안 기도하고 준비하니

그곳에서 오는 하나님의 은혜는

도리어 저를 위해 준비해 놓은 듯합니다.

한 가지 제 삶의 변화는

작은 것에서 더욱 큰 기쁨을 찾았다는 것입니다.

* 교회의 크기는 수치화시킬 수 있지만, 성도들이 부르는 찬양의 크기는 수치화할 수 없을 것입니다. 작은 교회의 적은 성도가 부르는 찬양이 과연 작은 찬양일까요?

"아빠 또 와"

제 딸이 아주 어렸을 적에,

집회를 지방으로 다니다 보면
집에 며칠씩 들어가지 못할 때가 있었습니다.

그럴 때마다
무척 미안하고 아빠로서 역할을 제대로 못하는
못난 아빠가 되는 것 같아
많이 속이 상했었습니다.

그날도 거의 일주일 만에 집에 들어갔다가 새벽같이

집문 밖을 나서는데,

딸이 눈을 비비며 저를 따라 나오는 것이었습니다.

"아빠, 어디가?"

"응, 아빠 교회에 노래하러 가요. 어서 더 자요."

그러자

우리 딸 울먹이며 하는 말.

"아빠, 또 와."

 * 그 말을 듣는 순간 제 가슴이 '쿵!' 하고 내려앉았습니다.
하숙생에게도 그런 말은 쓰지 않을 테니까요.

흔적

어느 날 우연히 읽게 된 책의 한 구절이 마음속에서
계속 메아리쳐 울립니다.

"믿음이란 하나님이 손대신 흔적이다."

'흔적'
사실 저에게 하나님께서 손대신 흔적은 많지 않습니다.
남들처럼 드라마틱한 인생을 살지 않았습니다.
남들처럼 방황을 하고 돌아오지도 않았습니다.
크게 하나님께 매 맞은 적도 없었습니다.
곰곰이 생각해보니
이제 알 것 같습니다.

제가 너무 약해서

너무 부족해서 매 맞으면 쓰러져 일어서지 못할까봐…

[내 모습] -소리엘 노래

내 모습 어디가 아름다와 주님 나를 사랑하시나
너무나 약하여 너무나 부족하여 너무나 눈물 많아
사랑하시죠
내 모습 어디가 아름다와 나를 위해 주 돌아가셨나
너무나 죄 많아 너무나 무지하여 너무나 사랑하사
십자가 지셨네
너무나 약하여 너무나 부족하여 너무나 눈물 많아
사랑하시죠

* '흔적'이란 어떤 현상이나 실체가 없어졌거나 지나간 뒤에 남은 자국이나 자취를 의미합니다. 움직임 뒤에는 반드시 흔적이 따릅니다. 그것은 씨를 뿌리는 것과도 같습니다. 내가 하는 만큼, 내가 베푼 만큼 그것은 반드시 돌아오게 되어 있습니다.
당신의 믿음의 흔적은 무엇입니까?

무서운 초딩

저는 습관이 하나 있습니다.

노래를 부르기 전에는
꼭 화장실에 들러 손을 씻고 올라가는 버릇입니다.
손이 끈적이면 노래가 잘 안 나옵니다.

오늘도 화장실에서 손을 씻고 있는데
초딩 아이 하나가 제 옆에 섭니다.
그리고 뭐라고 중얼거립니다.

"소리엘이 누구지?"

저를 힐끗 쳐다보더니…

"아저씨, 소리엘 알아요?"

"자~알 알지?"

"모 하는 사람이에요? 가수예요?"

"응, 가수야…"

"왔어요?"

"응, 왔어…"

"그래요?"

"어디 있어요?"

"여기."

눈이 둥그레집니다.

그 아이 나가면서 한마디 툭 던집니다.

"생각보단 자~알 생겼네…."

'헐…'

요즘 초딩이 제일 무섭습니다.

 * '초딩'은 초등학생을 가리키는 속어입니다.

할머니의 소원

미국에서 요양원을 방문한 적이 있습니다.

말 그대로 요양원.
연세가 많으신 할아버지, 할머니들이 마지막 인생을
보내는 곳입니다.

이곳에서 노래를 한다는 것은 결코 쉬운 일이 아닙니다.
저의 순서를 잘 마치고
할머니 한 분과 잠시 이야기를 나눌 기회가 있었습니다.
할머니는 신앙이 있는 분은 아니셨지만
저의 노래를 들으시며 교회에 나가고 싶다는 생각을 했다

하십니다.

"할머니, 꼭 교회에 나가셔야 해요. … 약속해요."
그리고 새끼손가락을 겁니다.

"할머니, 혹시 소원이 있으세요? 제가 기도해 드릴게요."

"응… 소원, 있지…
나 죽을 때 안 아프게 죽는 거…."

순간 가슴이 먹먹해집니다.

얼마 남지 않은 시간 동안에 할머니의 소원이 분명히 이렇게 바뀔 거라 믿습니다.

"나 천국에 가고 싶어…."

* 잘 보낸 하루가 행복한 잠을 가져오듯이 잘 산 인생은 행복한 죽음을 가져온다.   -레오나르도 다빈치-

전도하기 진짜 힘든 사람

전도를 하다 보면
의외로 교회에 대해 심한 반감이 있거나
타종교를 가지신 분들이
쉽게 신앙을 갖게 되는 모습을 자주 보게 됩니다.

그런데
정말 전도하기 힘든 분들이 있습니다.

소위 말해서 '법 없이도 살 수 있는 사람' 입니다.
도덕적으로, 윤리적으로 거리낌이 없는 분들.

제 주위에도 참 많습니다.

그분들은 우리 교회가 노력하지 않으면 전도하기 참 어렵습니다.

* 전도는 말로 하는 것이 아니라 몸으로 하는 것 같습니다. 엘리베이터의 장로님, 저를 위협했던 그 검정색 차량의 운전자(그분들이 어떻게 했는지는 계속 읽어 보시면 압니다)…. 그런 분들을 보면 교회에 가고 싶은 생각이 싹 사라질 것같다는 생각이 듭니다. 그래서 더 전도하기가 힘이 드는지도 모르겠습니다.
전도는 평소에, 생활 속에서 보여주는 것입니다.

예상의 반전

KTX를 탔습니다.

이 열차는 정확하게 출발하고 도착도 거의 정확합니다.

출발 5분 전.

제 앞자리에 한 가족이 자리를 잡습니다.
아빠, 엄마, 아들, 딸.
4식구가 옹기종기 보기 좋습니다.

가방에서 삶은 달걀, 귤을 꺼내는 찰나,

철수 엄마가 소리칩니다.

"철수야!, 너 가방?"
"앗! 엄마 아까 식당에 놓고 왔나 봐요."

그 순간
정말 총알 같이, 철수 엄마가 밖으로 뛰어나가며 외칩니다.

"여보, 가방 가져올께요."
"여보, 그냥 와, 늦었어!"

이미 철수 엄마는 계단을 빛의 속도로 달려 올라가고 있습니다.

남은 사람은 3명.
철수, 아빠의 얼굴을 바라봅니다.

다음 상황은 누구나 추측할 수 있을 것입니다.
…
시간이 흐릅니다.

결국 철수 엄마는 오지 않고, 기차는 서서히 움직이기 시작
합니다.

큰일이 났습니다.
철수의 얼굴은 점점 파래지기 시작합니다.

그 순간 앞 칸의 자동문이 활짝 열립니다.
철수 엄마였습니다.
이마에는 굵은 땀방울이 송골송골
어깨에는 자주색 철수의 가방이 걸려 있습니다.

"엄마~ 잘 못 했 어 요~"
철수의 눈에 눈물이 그렁그렁합니다.

그 순간
갑자기 궁금해지기 시작합니다.
과연 철수 엄마가 철수를 어떻게 할 것인가?

"놀랬지? 우리 아들~ 괜찮아! 엄마가 가방 가져 왔잖아.
우리 재미있게 가자… 응?"

예측 가능한 일의 반전은 항상 신선한 충격을 줍니다.

여행 가는 내내 그 가족 때문에 기분이 좋습니다.

* 헨리 데이비스의 '가던 길 멈춰 서서'라는 시입니다.
–가던 길 멈춰 서서

근심에 가득 차, 가던 길 멈춰 서서
잠시 주위를 바라볼 틈도 없다면 얼마나 슬픈 인생일까?
나무 아래 서 있는 양이나 젖소처럼
한가로이 오랫동안 바라볼 틈도 없다면
숲을 지날 때 다람쥐가 풀숲에
개암 감추는 것을 바라볼 틈도 없다면
햇빛 눈부신 한낮, 밤하늘처럼
별들 반짝이는 강물을 바라볼 틈도 없다면
아름다운 여인의 눈길과 발
또 그 발이 춤추는 맵시 바라볼 틈도 없다면
눈가에서 시작한 그녀의 미소가
입술로 번지는 것을 기다릴 틈도 없다면,
그런 인생은 불쌍한 인생, 근심으로 가득 차
가던 길 멈춰 서서 잠시 주위를 바라볼 틈도 없다면.

짜증

짜증이 나는 경우입니다.

남자 : 미팅을 나갔을 때, 공익 출신인데 마치 현역을
　　　다녀온 양 거드름을 떨 때

여자 : 누가 봐도 분명 성형했는데 끝까지 자연 미인이라고
　　　우길 때

학생 : 교수님이 시험 문제 쉽게 내겠다고 했는데
　　　무지 어렵게 내셨을 때

교수 : 교수님 존경합니다, 라고 문자 보내고,

　　　학생들이 하는 교수 평가에서 평균 이하의 점수를

　　　줄때

찬양 사역자 : 다 아는 찬양인데도 같이 부르지 않고

　　　계속 구경만 하고 계실 때

* 이럴 때는 어떻게 해야 됩니까? ^^

두 장의 회수권

거의 20년 전의 일입니다.

소리엘 초창기라 시골로 집회를 가는 일이
적지 않았습니다.

시골의 한 교회.
모인 사람들이라곤 고작해야 20여 명 남짓.

목사님은
계속 적게 모인 탓에 미안해하시고,
저는 연신 괜찮다고 말씀을 드렸던 기억이 납니다.

2시간의 찬양 시간이 모두 마치고 마이크를 이어 받으신
목사님.

"여러분, 은혜 많이 받으셨습니까?"
"네!"

"소리엘이 여기 시골까지 오셨는데, 아시다시피 우리 교회,
좀 많이 가난합니다.
소리엘에게 교통비라도 드릴 수 있도록 헌금을 좀 합시다."
갑자기 얼굴이 화끈거립니다.

'아… 이건 아닌데…'

"목사님, 하지 마세요. 안 하셔도 되요."
하지만 목사님은 뜻을 굽히지 않으시고 헌금시간을
갖습니다.

예배를 마친 후 사모님께서 흰 봉투에 모아진 헌금을 전해
주십니다.

제법 묵직합니다.

학생들이 많았던 터라 100원짜리, 500원짜리로 꽤 묵직합니다.

사모님께서 밝게 웃으며
"형제님, 봉투 안에 보면 회수권이 두 장 있을 거예요."
"네? 회수권이요?"
회수권은 당시 버스를 탈 때 내던 학생용 버스표입니다.

"누가 회수권을 헌금했나 보네요. ^^"
"네, 아까 맨 뒤에 앉아 있던 두 남학생 기억나시죠?"
"아, 그럼요."

사람이 20여 명 남짓이라 얼굴이 대부분 기억납니다.
"그 아이들이 회수권을…?"
"네, 아까 제가 그 아이들 뒤에 있었거든요."

사모님께서 자초지종을 설명해 주셨습니다.
헌금시간에 그 두 아이가 열심히 주머니를 뒤지더니
자신들의 전 재산 회수권 한 장씩을 꺼내들고

이야기 했답니다.

"야. 우리 오늘 걷자."
"그래, 걷지 뭐."

그 이야기를 전해 듣자 재미있기도 하고
또 한편으로는 미안한 마음이 들기도 했습니다.

"사모님, 그 아이들 집이 어디 쯤 있어요?"
…
"산길로 걸어서 세 시간 거리에 있어요."

사모님도 예배 후에 경황이 없어서
그 아이들을 챙기지 못하고 보내서 안타깝다고 말씀하십니다.
순간 눈물이 핑 돕니다.

너무 미안하고 고마워서…

그 두 장의 회수권은 아직 저희 집 앨범에 잘 보관되어 있습니다.

제가 하늘나라 갈 때까지 소중히 잘 간직할 것입니다.

제가 흔들리고 지칠 때마다

그 두 장의 회수권은 저를 일으켜 세워 줍니다.

* 생각해 보면 우리가 감동하는 일들은 그리 큰일들이 아닙니다. 내가 힘들었을 때 친구의 위로 한 마디, 따뜻한 커피 한 잔, 그리고 아무 말 없이 그냥 옆에 있어주었던 그런 아주 작고 사소한 일들이지만, 결코 작지도 사소하지도 않은 일입니다. 그 학생들이 헌금한 그 두 장의 회수권이 제게 그렇습니다.

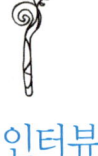

인터뷰

일 년에 두세 차례
방송국이나 잡지사에서 요청하는 인터뷰를 합니다.
인터뷰에서는 대답하는 사람도 중요하지만,
질문을 던지는 기자의 역할이 더욱 중요한 것 같습니다.
그 이유는 질문의 핵심이 그 기사의 가치를 결정짓기
때문입니다.

얼마 전, 신앙지 특별호를 준비하는 기자로부터
아주 특별한 질문을 하나 받았습니다.

미리 질문지를 보내달라는 저의 요청에도

그 여기자는 그때그때의 진솔한 대답을 듣고 싶기에
현장에서 바로 질문을 드리겠다고 정중히 답변을 보내
왔습니다.
보통 인터뷰에서 가장 많이 받는 질문은 이렇습니다.

"어떻게 찬양 사역을 시작하게 되셨나요?"
"노래를 하시면서 가장 기억에 남는 일은요?"
"음반 속 노래들 가운데 가장 애착 가는 곡은
어떤 노래세요?"
뭐, 대충 이런 질문들입니다.
그런데 그날 만난 여기자의 첫 질문은 좀 달랐습니다.

"왜 예수를 믿으세요?"

좀 충격이었습니다.
사실, 이런 질문은 처음이었기 때문입니다.
인터뷰는 제 전문 분야입니다.
그동안 수많은 인터뷰를 해봤고
어떤 질문에도 막힘이 없던 저였는데…
이 질문은 좀 달랐습니다.

순간 제 인생을 빠른 시간 안에 스크롤하기 시작합니다.
그리고 대답합니다.

"제 인생이 한 번밖에 없어서요."

그때 그 여기자는 수첩에 메모를 하더니 잠시 미소를 짓습니다.

"네… 더 이상 물어볼 것이 없네요…."
기자가 환하게 웃습니다.

사실 이 여기자는 소리엘의 20년 팬이라고 합니다.

어렸을 때부터 늘 소리엘의 노래를 들으며 자랐기 때문에
소리엘 노래는 거의 다 외웠다고 합니다.

그리고 저에 대한 질문은 물어보지 않아도, 거의 다 알고 있기 때문에
더 이상 인터뷰할 필요가 없다고 했습니다.

그런데 인터뷰 질문을 준비하면서, 정말 꼭 물어 보고 싶었
던 질문이
딱 하나 있었는데…

그 질문이 바로,
'왜 예수를 믿느냐?' 였다는 것입니다.
저는 저의 대답에 정직했습니다.

만약 저의 인생이 두 번이라면
첫 번째 인생에선 살고 싶은 대로 한 번 살아보겠지만

제 인생은 단 한 번이기에
저는 제 인생에 가장 가치 있는 것에
모든 것을 걸 수밖에 없습니다.

* 수능에 나오는 문제의 정답은 간혹 두 개가 될 수 있으나
영생에 이르는 해답은 절대 두 개가 될 수 없습니다.

하나님의 부자는 손을 펼쳐야 될 수 있습니다
세상의 부자는 움켜쥐어야 하나

세 상 의
부 자 와
하나님의 부자
Part. two

02
Part. two

부자가 되고 싶은 분들을 위한 동화

한 사람이 너무나 부자가 되고 싶어
그 마을에서 가장 부자인 사람에게 찾아갔다고 합니다.
그리고 그에게 정중히 묻습니다.

"선생님, 저는 당신처럼 돈 많은 부자가 되고 싶습니다.
저에게 부자 되는 비법을 가르쳐 주십시오."

그러자 그 부자는 그 남자를 데리고
큰 나무 밑으로 데리고 갑니다.

그리고 그 남자에게 부자가 되는 방법을 알려주겠다고

시키는 대로만 하라고 합니다.

그리고는 그 남자에게
큰 나무 꼭대기로 올라가라고 합니다.

그 남자는 자신도 부자가 될 수 있다는 생각에 신이 나서
나무에 열심히 기어오릅니다.
제법 높이 올라가자 소리를 칩니다.

"이젠 됐나요?"
"선생님, 이젠 무얼 하면 되지요?"

그 부자가 대답합니다.
"자 이젠, 자네 옆에 있는 나뭇가지 중
튼튼한 놈으로 하나 고르게.
그리고 그 가지에 잘 매달려 보게."

그 남자는 시키는 대로 나뭇가지에 대롱대롱 매달립니다.

그러자 부자가 말합니다.

"자 이제… 그 가지에서 한 손을 놓게."

"네?"

그 남자는 한 손을 놓습니다.

"됐나요?"

떨리는 목소리로 대답합니다.

"이제 다 됐네. 이젠 나머지 한 손도 놓게."

"저 더러 죽으라는 겁니까?"

"바로 그 심정으로 돈을 움켜쥐고 놓지 말게."

* 세상에서 부자가 되고 싶어 하는 사람들을 위한 교훈적인 동화였습니다.
다음 장은 하나님의 부자 이야기입니다.

부자가 되고 싶은 분을 위한 하나님 말씀

하나님께서는 이렇게 말씀하십니다.

"네 하나님 여호와께서
네게 허락하신 대로 네게 복을 주시리니
네가 여러 나라에 꾸어 줄지라도
너는 꾸지 아니하겠고
네가 여러 나라를 통치할지라도
너는 통치 당하지 아니하리라

네 하나님 여호와께서 네게 주신 땅

어느 성읍에서든지 가난한 형제가 너와 함께 거주하거든
그 가난한 형제에게 네 마음을 완악하게 하지 말며
네 손을 움켜쥐지 말고 반드시 네 손을 그에게 펴서
그에게 필요한 대로 쓸 것을 넉넉히 꾸어주라"

* 세상의 부자는 움켜쥐어야 하나,
하나님의 부자는 손을 펼쳐야 될 수 있습니다.

세상의 부자와 하나님의 부자

몇 년 전 광고의 카피 중에 아주 유명했던 대사가 있었습니다.

"여러분 부자 되세요~~"

기억나시죠?

이 세상에 부자가 되고 싶지 않은 사람은 하나도 없을 것입니다.

하지만

부자도 부자 나름,

두 종류의 부자가 있습니다.

세상의 부자와 하나님의 부자.

세상의 부자는 남보다 많이 가진 사람,

남보다 많이 자신을 위해 쓰는 사람을 말합니다.
하나님의 부자는 나보다 남을 위해 많이 쓰는 사람.
자신의 행복보다는 자신을 통해 다른 사람이 행복해지는 것에 기쁨을 누리는 사람을 말합니다.
진짜 멋진 부자는 하나님의 부자가 아닐까 싶습니다.

만약 당신이 진짜 부자가 되길 소원하고 실천하기 시작한다면
부자가 되지 않을 이유가 하나도 없습니다.

"여러분 부자 되세요~~"

"꼭이요~"

* '부자'라는 단어를 들을 때마다 떠오르는 사람이 있습니다. 디오게네스!
알렉산더 대왕이 원하는 무엇이든 주겠다고 할 때 햇빛을 가리지 말아달라고 했던 그 풍요로움은 반드시 물질적으로만 계산되는 것은 아닌 것 같습니다.

산수유

"참 좋은데…
남자한테 참 좋은데…
어떻게 이야기 할 방법두 없구…"

보신 적 있죠?
아주 유명한 회장님 광고.

"참 좋은데…
예수님 참 좋은데…
어떻게 이야기 할 방법은 없구…"

혹시 지금 한국 교회 성도들이 이러고 있지는 않은지?
진짜 걱정입니다.

* 예수께서 나아와 말씀하여 이르시되 하늘과 땅의 모든 권세를 내게 주셨으니 그러므로 너희는 가서 모든 민족을 제자로 삼아 아버지와 아들과 성령의 이름으로 세례를 베풀고 내가 너희에게 분부한 모든 것을 가르쳐 지키게 하라 볼지어다 내가 세상 끝날까지 너희와 항상 함께 있으리라 하시니라 (마 28:18~20)

당신 곁에는 어떤 부류의 사람이 가장 많습니까?

보고만 있어도 행복한 사람.

있어도 그만, 없어도 그만인 사람.

보기만 해도 짜증나는 사람.

당신 곁에는 어떤 부류의 사람이 가장 많습니까?

…

네,

바로 그 부류에 당신이 포함되어 있을 가능성이

아주 높습니다….

따라해 보세요.

먼저 당신의 핸드폰을 여십시오.

전화번호부를 위에서 아래로 천천히 스크롤 합니다.
그리고
이름을 보며 한 명씩 체크해 봅니다.

−지금 이 사람의 전화를 받으면 정말 반가울 사람 몇 명?
−어? 얘가 왜 전화했지? 곰곰이 생각하다 전화를 받을 사람 몇 명?
−벨소리 울리다 알아서 끊어질 때까지 전화를 받지 않을 사람 몇 명?
−이 번호를 그동안 왜 안 지웠지? 전화부에서 바로 삭제해 버릴 사람 몇 명?

그래도 전화 올 곳이 있는 당신은 행복한 겁니다.
절대 먼저 정리하지 마세요.
상대방이 당신 번호를 정리하기 전까지….

*혹시 당신 핸드폰 전화번호부에 있는 사람,
당신이 전도해야 할 대상은 아닐는지요.
그 사람의 번호가 지워지면…
어쩌면 그 사람은 복음을 들을 기회를 영영 잃어버릴 수도 있습니다.

공약

아들이 다니는 초등학교에서 아버지 일일교사를 하게
되었습니다.

그래도 아들이 다니고 있는 학교라 신경도 쓰이고
아이들이 수업에 더 열심히 참여하게끔 하기 위해
평소에 고이 모셔둔 축구공을 하나 가지고 갔습니다.

수업시간에 가장 열심히 참여하는 친구에게 축구공을
상으로 주기로 공약한 것입니다.

아이들이 눈에 불을 켭니다.

거의 축구공에 목숨 거는 분위기입니다.
이내 수업 분위기는 과열증세를 보입니다.
갑자기 두려운 마음이 들기 시작합니다.
만약 이 공을 어느 한 아이에게 주었다간
큰 일이 날 분위기.

'고육지책'

결국 이 공을 반에 공평하게 기증할 테니
담임선생님께서 잘 보관하시고 다 같이 쓰자고
제안을 합니다.

아이들 불만이 대단합니다.
책상을 두드리고 난리가 났습니다.

맘이 불편합니다.
수업을 급히 마무리하고 황급히 교실 문을 나서는데
한 아이가 제 등 뒤에서 소리칩니다.

"사기꾼!"
'헉…'

맞다.

공약을 지키지 못하면 사기꾼… 맞다….

* 아무리 사소한 말일지라도 지키지 못하면 시위를 벗어난 활과 같습니다.

믿음과 현실 사이

제가 강의하는 과목 가운데
'크리스천 문화 접근법' 이라는 수업이 있습니다.
이 수업은 기독교 문화와 세상 문화와의 이해에 대한 내용을 다루게 됩니다.
이 수업을 듣는 학생은 거의 신학과 4학년 학생들입니다.
항상 첫 시간에는 앙케이트 작성 시간을 갖습니다.

앙케이트 문항 가운데에는 이런 문항이 있습니다.
나의 홈피 배경음악은?
내가 가장 좋아하는 찬양은?
내가 가장 좋아하는 가요는?

신학생이고 4학년이면
학생들이 모두 전도사님입니다.

수업을 마치고 기차 안에서 앙케이트를 하나하나 살펴보던 중 한 남학생의 답문을 보고 웃음이 빵 터졌습니다.

남학생 :
-가장 좋아하는 찬양 : 성령이 오셨네 (역시 신학생답다…)
-가장 좋아하는 가요 : 소주 한잔 / 임창정

우리나라 신학생들도
지금 '믿음과 현실 사이'에서 헤매고 있습니다.

* 인생은 한 권의 책과 같다. 어리석은 이는 그것을 마구 넘겨 버리지만, 현명한 인간은 열심히 읽는다.
그것은 단 한 번밖에 읽지 못하는 것이 인생이라는 것을 알고 있기 때문이다.
— J. 파울 —

천국은 없다

제가 강의하는 대학은 미션 스쿨이지만
70% 이상이 넌 크리스천입니다.

그래서 수업시간마다 저도 모르게
예수님에 대한 이야기,
천국에 대한 이야기를 자주하게 됩니다.

오늘도 수업 중
예수를 믿어야 천국 간다고 학생들에게 열변을 토하고
있는데,
평소에 이러한 이야기를 달가워하지 않던 제자 하나가

갑자기 번쩍 손을 듭니다.

"교수님, 수업시간에 이젠 그런 얘기 좀 그만하시죠.
이제 더는 못 듣겠어요.
자꾸 예수 믿고 천국 가라 하시는데 교수님은
천국 가보셨어요?
만약에 천국이 없으면 어떡하실 거예요?"

당돌하지만 이유 있는 질문입니다.

사실 저는 아직 천국에 가보지 못했습니다.
그래서 아무런 대답을 할 수 없었습니다.

* 천국은 마치 밭에 감추인 보화와 같으니 사람이 이를 발견한 후 숨겨 두고 기뻐하며 돌아가서 자기의 소유를 다 팔아 그 밭을 사느니라 (마 13:44)

천국은 있다

수업을 마치고 무거운 마음으로 집에 돌아왔습니다.
제자에게 아무 말을 못한 제 자신이 하나님 앞에
너무 부끄럽습니다.

지금 저는 아들이 잠들기 전 책 하나를 읽어주러
동화책을 하나 고르고 있습니다.

오늘 고른 책의 제목은
'하루살이와 메뚜기.'

하루살이와 메뚜기가 사이좋게 아침부터 해질녘까지

놀고 있었어.

저녁이 되자 메뚜기 엄마가 메뚜기를 부르며,
"메뚝아, 메뚝아, 어서 들어와. 이제 저녁 먹고 자야지…"
"엄마~ 조금만 더요~"
"안돼요. 오늘은 너무 늦었으니까 내일 놀아요~"

메뚜기가 하루살이에게 말했어.
"하루살이야. 미안해.
나 집에 들어가 봐야 할 것 같아.
우리 내일 만나서 놀자.
안녕~"

그때 하루살이가 중얼거렸어.
"내일이 뭐지?"

메뚜기에게 새로운 친구가 생겼단다.
바로 개구리야!

메뚜기와 개구리가 신나게 놀고 있었어.

저녁이 되니 찬바람이 쌩~
그러자 개구리 엄마가 개구리를 불렀지.
"개굴아, 개굴아, 어서 들어와요~
찬바람이 부니 이제 우리 겨울 잠 자러 가야 해요.
내년 봄에 만나서 놀도록 하자. 어서~"

그때 개구리가 메뚜기에게 말했어.
"메뚝아, 미안해.
나 겨울잠 자러 가야해.
우리 내년 봄에 만나서 놀자.
안녕~"

그때 메뚜기가 혼자서 중얼거렸어.
"내년 봄이 뭔데?"

'맞다!'

동화책을 읽으며 중요한 진리를 깨달았습니다.
하루살이는 하루밖에 모르고
메뚜기는 한 철만을 살기에 내년 봄을 당연히 모릅니다.

하지만,
모른다고 없는 것이 아닙니다.

우리 인생 80년.
이게 끝이라 생각하지 않습니다.

우리가 못 봤다고 없는 것은 아닙니다.

"천국은 있습니다."

* 또 비유를 들어 이르시되 천국은 마치 사람이 자기 밭에 갖다 심은 겨자씨 한 알 같으니 (마 13:31)

세대차이

콘서트를 하다보면 간혹 공연 중에 특별한 퍼포먼스를
하고 싶을 때가 있습니다.

퍼포먼스 중 최고의 압권은
모든 조명을 끄고
수천 명의 관객들이 일제히
야광봉을 흔드는 것입니다.
무대에서 보는 그 광경은 정말 압권입니다.

그런데 야광봉이 없을 때는
즉석에서 휴대폰을 이용하기도 합니다.

"여러분, 모두 휴대폰을 꺼내 보시겠어요?
그리고 머리 위로 높이 흔들어 주세요. 이렇게요~"

그런데 핸드폰을 들고 흔드는 모습에서 아주 재미있는 것을 하나 발견합니다.

10대, 20대는
휴대폰을 꺼낸 후,
후레쉬 기능이나 야광봉 어플을 실행시키고 흔들기 때문에
불도 밝고, 꺼질 일도 없습니다.

30대, 40대 분들은
휴대폰을 꺼낸 뒤 뚜껑만 열고 흔드십니다.
그러다 시간이 조금 지나면 자동으로 화면이 꺼지기 때문에
뚜껑을 닫았다 열고,
다시 열심히 흔드십니다.

하지만
어르신들은
핸드폰을 꺼내서 손에 쥐고 그냥 흔드십니다.

모든 세대가 함께 하는 소리엘 콘서트에서만 볼 수 있는 진기한 장면입니다.

* 교회마다 신세대와 구세대간의 찬양에 관한 많은 트러블이 있는 것을 알고 있습니다. 일단 신세대는 어른들의 말씀에 순종할 필요가 있습니다.
찬양은 공감입니다. 공감대가 형성되지 않은 찬양은 하나님께서도 기뻐하지 않으십니다.
그리고
어른세대는 젊은이의 음악 스타일을 이해해 주셔야 합니다. 대중음악과 교회음악의 음악적 간격이 벌어지면 벌어질수록 우리들의 젊은이들은 교회가 점점 낯선 곳으로 변해갈 것입니다.

한국교회는 비본질에 목숨을 거는 경우가 있습니다. 악기나 비트, 스피커 소리의 크기보다는 찬양을 드리는 사람의 마음 자세에 대해 우선적으로 중심을 두기 바랍니다.

순위를 정해보시오

TV에 자주 나오시는
목사님께서 설교자의 순위를 매겨 보라십니다.

- 내용 있고, 재미있게 설교하는 목사님 ( )
- 내용 있고, 재미없게 설교하는 목사님 ( )
- 내용 없고, 재미있게 설교하는 목사님 ( )
- 내용도 없고, 재미도 없게 설교하는 목사님 ( )

1등과 4등은 알 것 같은데 2등, 3등은 좀 헷갈리시죠?

*우리의 예배도 매스컴의 영향을 많이 받은 듯합니다.
중요한 것은 경건입니다.

죽을 때 꼭 가지고 가고 싶은 물건

일간지에서 본 글입니다.

사람이 죽을 때 꼭 가지고 가고 싶은 것
세 가지.

3등이 금, 은, 보석이라 합니다. (어디에 쓰시려는 것인지?)

2등은 TV입니다.
(그 이유는 아직 종영이 안 된 드라마 때문에)

1등의 영예는 휴대폰이라 하네요.

(혹시 거기서도 로밍 될까요?…)

이 모든 것이 헛된 것이라는 것을 우리는 잘 압니다.

이 땅을 떠날 때는 모두 다 남겨 놓고,

주님 만날,

설레는 마음만 가지고 가는 것입니다.

* 헛되고 헛되며 헛되고 헛되니 모든 것이 헛되도다 해 아래에서 수고하는 모든 수고가 사람에게 무엇이 유익한가
(전 1:2~3)

남편들이 말하는
최악의 아내, 최고의 아내

최악의 아내

3. 여보, 집안일에 신경 좀 쓰세요.

2. 여보, 쉬는 날인데 낮잠 좀 그만 주무시죠?

1. 여보, 나가서 돈 좀 벌어 오시죠.

최고의 아내

3. 여보, 집안일은 신경 쓰지 마세요.

2. 여보, 쉬는 날인데 낮잠 좀 주무시죠?

1. 여보, 나가서 돈 벌어 올게요.

* 사람은 편안함에 쉽게 길들여집니다.

객관적

사람이 살면서 객관적으로 살아간다는 것은 그다지 나쁜 일이 아닙니다.
하지만
객관적이 되어서는 안 되는 상황도 분명 존재합니다.

가령 예를 들면 어머니에 대해서

"우리 엄마? 음… 좋은 분이지…
하지만 객관적으로 말하면 우리 엄마는 좀 촌스러워…."

"우리 엄마? … 음 객관적으로 말하면 옆집 아줌마보다는 많이 떨어지는 것이 사실이지…."

만약 이런 말을 어머니가 들는다면 아마도 어머니는 큰 상처를 받을 것입니다.

진정한 사랑에는 '무조건' 이라는 단어가 붙습니다.
절대로 '객관적으로…'
이런 말을 해서는 안 되는 상황이 있다는 것입니다.

만약… 만약에…

하나님께서 우리를 객관적으로 보신다면?
…
아시죠?
우리는 '끝' 입니다.

*하나님은 우리들을 객관적으로 사랑하지 않으셨습니다.
어떠한 조건과 어떠한 자격도 원하지 않으셨습니다.
그야말로 '무조건' 저와 여러분을 사랑하셨습니다.
그럼에도 우리들은 하나님 앞에 삐칠 때가 참 많습니다.
참 어이없습니다.

한국에서는 1

한국에 잠시 들리신 시카고에서 오신 미국 목사님.

그분께서 제게 이런 말씀을 하십니다.

한국에서는 욕먹는 사람들이 하도 많아서…
누굴 만나도 이런저런 이야기 때문에
동료 목사님들에게도
맘을 열고 대화하기가 참 힘이 든다고 하십니다.

그런데 여러 번 한국에 와 보니까
한 가지 결론을 내릴 수 있게 되었는데…

한국에서는 욕 많이 먹는 사람일수록 대부분 유능한 사람이었다는 것입니다.

시간이 지나면 지날수록
그 생각이 틀리지 않구나, 라는 생각을 하신답니다.

그래서
그 목사님,
이제는 욕 많이 먹는 사람을 주로 찾으신다고….

* '잘 해야 본전' 이라는 말이 생각납니다. 아마도 한 달란트 받았던 종 또한 그런 생각을 품지 않았을까 하는 생각을 해 봅니다. 그럼에도 불구하고 주님은 '맡은 자들에게 구할 것은 충성이니라'(고전 4:2) 하셨습니다.

한국에서는 2

아기가 태어나면 엄마는 모유나 분유를 먹입니다.

이후 시간이 지나면 아이에게 우유를 먹이게 되는데

한국 엄마들,
우유 고를 때 유달리 신경을 쓴다고 합니다.

아주 어릴 때,
우리 아이는 천재일거야, 그래서
아인슈타인 우유.

그냥 어릴 때,

천재는 아니네…. 하지만 지금부터 훌륭한 과학자로 키워야지.

파스퇴르 우유.

좀 컸을 때,

에라, 서울대학이나 가라.

서울우유.

좀 더 컸을 때,

서울대가 어려우면 연대라도.

연세우유.

다 컸을 땐,

목장우유.

참 미스테리한 한국 어머니들….

* 부모의 과도한 욕심이 자녀를 망칠 수 있습니다. 자녀는 부모의 소유물이 아닙니다. 하나님이 이 땅을 사는 동안 잠시 맡겨놓으신 선물입니다.

3초

어느 나라든지 공중화장실에는
교훈적인 글과 지저분한 글들이 함께 공존합니다.
미국에 갔을 때
공중화장실에 붙어 있던 글귀가 기억납니다.

"엘리베이터를 탔을 때
닫힘 버튼을 '3초'만 참아 주세요.
누군가 급하게 뛰어오고 있을지 모르니까요."
"운전을 하다 파란불로 바뀌었을 때
앞차가 출발하지 않아도 경적을 누르지 말고 '3초'만 기다려
주세요.

앞 사람의 인생이 중요한 기로에 서 있을 수도 있으니까요."
"순서를 지키지 않고 앞으로 끼어드는 차가 있어도 '3초' 만
기다려 주세요.
그 운전자의 아이가 심하게 아플지도 모르니까요."
"친구와 헤어질 때 그의 모습을 '3초' 만 지켜봐 주세요.
혹시 그가 길을 가다 뒤 돌아 보았을 때 당신이 환하게 웃어
줄 수 있도록."
참 오랫동안 가슴에 남는 글이었습니다.

그런데 한국 화장실에는
이 글귀에 누군가 한 문장을 더해 놓았습니다.

"만약 당신이 화장실 안에서 큰일을 보고 있을 때
누군가 노크를 한다면 '3초' 만 기다려 보세요.
그 사람이 문을 부수고 들어올지도 모르니까요."
역시 한국입니다.

* 외국을 다녀보면 한국 사람의 조급증에 놀랄 때가 많습니다.
빠른 것은 좋지만 급해서 일을 그르치지 않았으면 합니다.

역시 한국인

오래 전에 헝가리 부다페스트에서 있었던 일입니다.

부다페스트 헌법 기념일을 맞아 수십만의 인파가
다뉴브 강에 모여
그날 있을 불꽃놀이를 기다리고 있었습니다.

수 주 전부터 불꽃놀이를 위해
국영방송에서 8시부터 9시까지
1시간 동안, 전 시내 소등을 부탁했던 터였습니다.

바로 당일.

불꽃놀이를 위한 카운트다운이 시작되고,
정확히 8시에 온 시내의 불들은
거짓말처럼 모두 꺼졌습니다.

그런데,
강에서 가장 가까운 언덕에 있는 한 대형 광고판.

그 광고판 하나만
여전히 불이 환하게 켜져 있는 것 아닙니까?

구경 나온 유럽 사람들이 손가락을 가리키며 웅성거릴 때
저도 자연스럽게 고개를 돌려 그 광고판을 보게
되었습니다.

"악!"
순간 저는 기절하는 줄 알았습니다.

바로 한국 기업의 광고판이었습니다.
(기업명은 밝히지 않겠습니다.^^)
너무 부끄러워 고개를 들 수 없었습니다.

사람들이 "너 코리안 아니냐?"라고 물을까봐 솔직히 겁이 났습니다.

돌아오는 길에 곰곰이 생각을 해보았습니다.

'도대체 왜? 왜? 왜?'

"광고효과?!"

*전쟁터에서 슈퍼마켓을 열고 장사를 하는 민족이
한민족이라는 이야기를 들은 적이 있습니다.
그 동안은 살기 위해 그랬습니다.
이제는 더불어 살기 위해 남도 생각할 줄 아는 민족이 되었
으면 합니다.

결코 변하지 않는 것

우연히 책을 읽다가 이런 글귀를 보았습니다.

한 커플의 여자가 남자 친구에게 묻습니다.

"자기 나 사랑해?"
"난 너 없으면 못살아…"

그랬던 그 커플.

결혼한 지 20년 되는 해에 그 여자가 남편에게 묻습니다.

"자기, 날 사랑하긴 하는 거야?"

그 남자는 속으로 대답합니다.

'나, 너 때문에 못살아…'

영원할 것만 같은 사랑도 시간이 흐르면 변한다고 합니다.

이 세상에 영원한 것은 없습니다.

* 하지만 우리에게는 영원한 것을 갈망하는 마음이 있고, 그것을 우리에게 이미 선물로 주신 분이 계십니다.

나만 아니면 돼~

"나만 아니면 돼~~"

어디선가 많이 들어 본 대사 아니신가요?
네!
요즘 한창 인기 있는 리얼리티 예능 프로그램에서 자주 나오는 대사입니다.

복불복 게임에서 나오는 벌칙을
나만 안 받으면 된다는 이야기죠.

물론 재미도 중요하지만 아이들이 배울까봐, 걱정이 되는

부분이 있는 것도 사실입니다.

이 세상에 사는 사람이 모두 '나만 아니면 돼' 라고 한다면 생각만 해도 끔찍합니다.
아마도 아비규환의 세상이 될 것이 틀림없기 때문입니다.

이 세상은 '내가 해도 돼' 라고 생각하는 사람들 때문에 그래도 이만큼 살만하다는 것을 잊지 않으시길 바랍니다.

* 사랑스런 화합과 거룩한 평화는 선과 도덕을 공급하고 우정을 공고히 한다.   - 애드먼드 스펜서 -

내가 아니면 안 돼~

"나만 아니면 돼"보다 더 무서운 말이 하나 있습니다.
그 말은
"내가 아니면 안 돼"입니다.

*이 세상은 더불어 사는 세상입니다.
내가 못하면, 누군가 이 일을 멋지게 해낼 사람이 줄서서 순서를 기다리고 있습니다.
지금 당신이 하고 있는 일을 묵묵히 감사함으로
감당하십시오.
절대 '나 아니면 아무도 못해' 이런 말도 안 되는 상상은
안하셔도 됩니다.

행복한 아이들

캠프 기간 동안 저는 한국의 보석 같은 청소년 10만 명을 만납니다.

해마다 우리 아이들이 하나님을 만날 수 있는 기회가
점점 줄어드는 것 같아
요즘은 마음이 무겁습니다.

학원이 우리 아이들의 발목을 잡기 때문입니다.

물어보면
캠프에 참가하는 아이들 중

반 이상이 억지로 끌려온 아이들이라고 합니다.

엉뚱한 목적으로 오기는 했지만
그래도 '이 아이들은 참 행복한 아이들이구나' 라는 생각이
듭니다.

사람이 살면서 감사해야 할 것은
많든 적든 기회가 주어진다는 것입니다.

예수를 믿을 기회를 우리 아이들이 가질 수 있는 것은
분명히 축복입니다.

우리 아이들이 이것을 깨달으려면 얼마나 오랜 시간이 걸릴
까요?

* 기회는 모든 사람에게 찾아오지만, 그것을 잘 활용하는 사
람은 많지 않다.   - B. 리턴 -

언제나 그 자리에

아침에 일어나 나갈 채비를 하면 꼭 챙겨 넣어야 할 것들이 많이 있습니다.

일단 휴대폰,
시계,
지갑.

챙길 물건들을 다 준비해놓고…
그리고
저는 고민에 빠집니다.
이것들을 집어넣을 가방 때문입니다.

어렸을 적부터 저는 물건에 특별한 욕심은 없는데
이상하게 유독 가방에만 관심이 있습니다.

길을 가다가도 맘에 드는 가방이 있으면 멍하니 가방을 보
다가…
인터넷을 뒤지고 가격을 비교해서
제일 저렴한 사이트에서 찾아내 그 가방을 결국 구입하고
맙니다.

그래서 저희 집에는 유독 제 가방들이 많습니다.

분명 낭비입니다.
하지만 버리지도 못합니다.
너무 갖고 싶어 고민 고민하다 산 가방들이니까요….

'오늘은 어떤 가방을 가지고 나갈까?'

이것저것 보다가 결국은
거의 항상 들고 다니는
검은 가죽에 멜빵이 커다란 가방을 집어 듭니다.

그리고 챙겨놓은 물건들을 사정없이 가방 안에
집어넣습니다.

오늘 지하철 의자에 앉아 가방을 한 번 쓰다듬었습니다.

저와 10년을 함께 한 친구.
이 가방이 자주 선택을 받을 수 있었던
이유는 딱 한 가지입니다.

가방 안에,
있어야 할 자리에 제 물건들을 잘 보관하고 있기
때문입니다.

휴대폰은 첫 지퍼 쪽에,
노트북은 가운데 칸에,
지갑은 맨 뒤 주머니에.

급할수록 제 가방은 저를 실망시키지 않습니다.

'언제나 그 자리에…'

하나님께 쓰임 받는 사람에 대하여 묵상을 했습니다.

하나님께서도 자주 쓰시는 사람은

'언제나 그 자리에…'

하나님의 음성이 들리는 곳에 항상 있습니다.

* 쓰임을 받고 싶다면 열심히 도전하십시오. 지금 당장!
준비된 자에게는 미래가 있습니다.

사랑에 빠져야 나타나는 현상

여의도에 있는 큰 교회.
이제는 은퇴하신 원로목사님.

그분과 예전에 몇 번 같은 집회에 선 적이 있습니다.

목사님께서는 설교 시작 전에 늘 하시는 말씀이
있었습니다.

"여러분, 오늘도 참으로 좋은 날입니다."

저는 궁금했습니다.

'사람이 살다 보면 속상한 날도 있고, 슬픈 날도 있는데…
어떻게 목사님은 항상 좋은 날일 수 있을까?'

이것에 대한 해답을 극장 안에서 찾았습니다.

극장 안,
지금 제 앞자리에는 두 커플이 앉아 있습니다.

보아 하니 한 커플은 오래된 연인.
이들은 서로가 파트너에게 별 관심이 없습니다.
오로지 영화와 주연배우, 그리고 팝콘에 온 신경이
집중되어 있습니다.

또 한 커플은 대화를 들어보니
어제 미팅하고 오늘이 첫 데이트.

두 사람, 다 뭐가 그렇게 좋은지
영화에는 관심 떠난 지 오래고
서로 바라보며 행복해 하느라 정신이 없습니다.
이 커플은 전혀 영화에 집중을 안 합니다.

오로지 옆자리에 자신의 파트너가 앉아 있다는
그 사실만으로도 좋은가 봅니다.

'아, 그렇구나!'
'정말 좋아하는 사람이 옆에 있으면 … 상황과 상관없이
행복한 거구나.'

그 사람 말고는 모두 관심 밖이고
그 사람 외에는 중요한 것이 하나도 없게 됩니다.

그래서 하나님과 함께 있는 우리는 늘 행복할 수 있는
것입니다.

단 조건이 하나 붙습니다.

'우리가 하나님과 사랑에 빠졌을 때' 라는….

> * 내 인생보다 나와 늘 함께 계신 분이 더 크게 느껴진다면,
> 내 인생의 문제들은 그다지 심각하게 느껴지지 않을 것입니다.

"헉"

오늘은 기차를 타고
부산으로 집회를 하러 갑니다.

광명역 플랫폼에서 기차를 기다리고 있는데
옆에서 기차를 함께 기다리고 계시던 한 아저씨,
목소리도 우렁차게 통화를 하십니다.

"어 그래, 그러니까 내가 그렇게 하지 말라고 했잖아…"

주위에 있는 사람들이
그 아저씨의 짜증스런 목소리에 인상을 찌푸리기

시작합니다.

결국 통화 내용에 뭔가 불만이 있는지
담배를 꺼내 입에 물고 담배를 태우며 통화를 하기
시작합니다.
간간이 욕도 섞어 가면서….

"야! … 만나서 얘기하자. 언제 만날래?
뭐? 수요일?
그날은 나 수요예배 보러 교회 가야돼."

"헉"

그 순간 저도 모르게
그 아저씨 입을 주먹으로 틀어막을 뻔했습니다.

* 자기 스스로를 다스릴 수 없는 사람은 자유로울 수 없다.
  – 피타고라스 –

바흐와 헨델

바흐와 헨델의 인생을 비교해 보면
예수 믿는 사람의 두 가지 유형을 비교하기 아주 좋습니다.
바흐는 어려서부터 인생의 큰 굴곡 없이 꾸준히
하나님의 영광을 위해 음악을 해왔던 음악가입니다.
바흐는 가정적이었고 성실하였으며
많은 사람에게 다정다감했던 그런 따뜻한 사람이었습니다.

반면에
헨델은 자신의 명성과 부를 위해 음악을 해왔던 사람으로서
결국은 자신의 출세를 위해 국적마저 바꿨던…
훌륭한 음악가이긴 했지만

인간적으로는 별로 닮고 싶지 않은 사람임은 틀림없습니다.
도박을 좋아했고 감정의 기복이 커서 주위에 사람들이
편하게 다가가기 어려웠던 사람으로
역사는 기록하고 있습니다.

저는 개인적으로 바흐를 좋아합니다.
무엇보다도 하나님의 영광을 위해 부단히 노력하고,
목표를 향해 최고의 것을 추구하는 모습이
신앙인으로서도 배울 점이 참 많습니다.
하지만
헨델의 경우는 상황이 좀 다릅니다.
어찌 보면 기독교 음악인으로서
조심해야 할 여러 가지 유혹에 쉽게 넘어간

그런 위인이었기 때문입니다.
그런데 한 가지 의아한 것은
전 세계에 있는 기독인들이 꼽는 최고의 작품은
바흐의 음악이 아닌
헨델의 음악 '메시아' 입니다.
도대체 어찌 된 일일까요?

그 해답은 바로 여기에 있습니다.

인생 말년에
예수를 극적으로 만나고
구원의 기쁨과 감격을 음악으로 승화시킨 작품이 바로
'메시아' 이기 때문입니다.

여기에서 저는 하나님의 특별한 은혜를 생각합니다.

끝까지 포기하지 않으시고 구원하시는 하나님의 은혜,
그리고 그 사람을 통해 하나님의 살아계심을
세상에 알리시는 하나님의 섭리….

* 이 세상에 사는 어느 누구도 숨이 멎는 순간까지 포기해
서는 안 됩니다.
그가 어떻게 쓰임 받을지 모르니까요.
잠시 하던 일을 접고 헨델의 메시아 중 '할렐루야'를 한 번
들어보심이 어떨지….

생활의 달인

남자는 살면서 딱 세 번 운다.
이 이야기는 이젠 옛날이야기인 것 같습니다.

하지만
남자가 드라마를 보면서 눈물을 흘린다면
여자들의 놀림감이 될 것은 틀림없습니다.

저는 드라마를 보면서 눈물을 흘리는 경우는 거의 없지만
이상하게도 TV 프로그램 중에
'생활의 달인' 프로그램만 보면 눈물이 납니다.

이 프로그램을 보신 분들은 아시겠지만
출연하는 분들의 거의 대부분은
우리 사회에서 선망의 대상이 되는 직업군은 아닙니다.
어찌 보면 고생스럽고 다들 기피하는 영역에서
최고의 기술을 가진 사람들입니다.

그런데
왜 이 프로그램을 볼 때마다 눈물이 나는지?
그 해답은 그들의 겸손 때문입니다.
남들보다 잘 사는 것도 아니고
남들보다 인정을 받는 것도 아니지만
그들 분야에서 묵묵히 해야 할 일을 해내는 그들이 하는
공통적인 말은,
"제가 할 줄 아는 일이 이것밖에 없어서요…."
그 말이 제 마음을 감동케 합니다.

가장 감동을 받았던 방송은
동네 슈퍼마켓에서 초스피드로 계산을 해내는 여점원 편.
손님들을 위해 기다리는 시간을 조금이라도 줄이기 위해
물건의 바코드 넘버를 모두 외워버린 20대 초반의 아가씨.

정말 신기하게도

그 많은 숫자를 외워버린 그 아가씨의 모습이 제 눈에서

눈물을 펑펑 쏟게 만들었습니다.

반경 50cm도 안 되는 좁은 공간 속에서도

손님들을 배려하는 마음이 정말 귀하게 느껴졌습니다.

TV에 나오는 아이돌 걸 그룹보다,

아니 김연아보다도 그 아가씨의 존재 가치가

너무나 소중하게 느껴졌습니다.

오늘 다시금 생각하게 됩니다.

우리가 이 순간에도 행복하게 살아갈 수 있는 이유는

서로서로 자신의 분야에서 묵묵히 자리를 지키는

분들이 있기에 가능하다고 말입니다.

* 우리는 모두 서로에게 빚진 자들입니다.

잘해야 예쁘다

가깝게 지내는 사람 중에
축구선수 이영표 선수가 있습니다.

워낙 국민적인 슈퍼스타라
자주 연락하고 만나지는 못하지만
이영표 선수를 위해 늘 기도하고 응원하고 있습니다.

이영표 선수가 뛰고 있는 나라에 가서 함께 시간도 보냈고
또 얼마 전에는 저희 집에도 놀러와
즐거운 시간을 보내기도 했습니다.

그때 동네 아주머니들이 어떻게 알았는지
저희 집으로 몰려와 사인을 청했고
또 착한 이영표 선수는 즐겁게 사인을 모두에게
해줬습니다.

그 광경을 옆에서 보고 있다가 영표 선수에게
한마디 합니다.

"영표 형제, 참 보기 좋아요."
"왜요, 형님?"
"사람들이 영표 형제 때문에 너무 행복해 하잖아요."

"형님, 사람들이 왜 저를 좋아하는지 아세요?"
장난기 있게 저에게 묻습니다.

"글쎄?"
그의 대답은 참 간결합니다.

"축구 잘해서요."

그런데

그 말이 맞습니다.

축구선수는 딴 거 잘 해봤자 아무 소용 없습니다.
일단 축구를 잘해야 합니다.

가수는 노래를 잘 해야 하고

학생은 공부를 잘 해야 예쁜 것입니다.

그러면

예수 믿는 사람은 무엇을 잘 해야 예쁠까요?
네… 그렇습니다.

예수를 잘 믿어야 예쁜 것입니다.
여기에 하나님의 축복의 비결이 숨어 있습니다.

 * 내가 헛되이 보낸 오늘은 어제 죽은 이가 그토록 갈망하던 내일이다.　　　　　　　　- 로맹 롤랑 -

내비게이션

인터넷이 생긴 이후로 신문을 자주 보지는 않지만
간혹 보게 되면
꼭 찾아보는 것이 유머섹션입니다.

오늘 봤던 글 중에
재미있는 글 하나를 소개할까 합니다.

한국에서는 세 여자의 말만 잘 들으면
성공할 수 있다고 합니다.

첫 번째 여자는 바로 어머니입니다.

어머니는 세상 누구보다도 나를 잘 알기에,
어머니 말씀에 순종하는 아들은 성공할 확률이
아주 높습니다.

두 번째 여자는 바로 아내입니다.
남편의 성공이 바로 아내의 성공이므로
아내는 누구보다도 남편의 성공을 위해 직언을 할 수 있는
세상의 단 한 명뿐인 사람입니다.

그런데… 세 번째 여자가 좀 특이합니다.

세 번째 여자는
내비게이션 속에 나오는 여자입니다.
이 여자의 말을 잘 들어야 성공할 수 있다는 것입니다.

저도 몇 번 경험이 있는데
운전할 때 느낌으로 안내를 무시하고 가면
어김없이 약속시간에 늦었던 기억이 있습니다.

오른쪽으로 가라면 가야 하고, 멈추라면 멈춰야 고생을

하지 않습니다.

내비게이션이라는 기계,
저에게 있어서 핸드폰 다음으로 중요한 물건이 되었습니다.

목표를 지정하고
안내하는 여자 분의 말만 잘 들으면, 정확하게 목적지에
데려다 줍니다.

그런데 갑자기 이런 생각이 드네요.

'우리 인생에도 내비게이션 같은 기계 하나 있으면 좋겠다.
하는 생각 말입니다. 그러면 헷갈리지 않고 제대로 살 텐데…'

그런데
곰곰이 생각해보니 우리에게는 이미 인생의 내비게이션이
있습니다.

바로 예수 그리스도이십니다.

아마 어떤 분들은 이 글을 읽으시면서
"극히 예수쟁이다운 대답이군!" 하실 것입니다.

하지만 저도 어쩔 수 없습니다.
사실이니까요.

'예수' 외에 다른 방법은 없습니다.

* '내비녀' 라는 말이 있습니다.
내비게이션을 부르는 다른 호칭입니다. ^^

보이지 않지만 늘 볼 수 있는 것

한여름이 되면
어김없이 브라운관을 찾아오는 것이 바로 납량특집
공포물입니다.

한국의 대표적인 공포물 '구미호'를 비롯해 '여고괴담'…

아마 다들 한 번쯤은 재미있게 보았던 경험이 있을
것입니다.

지금은 괜찮지만 제가 어렸을 때
무서운 드라마를 보고 나면

그날 밤은 그놈의 귀신 때문에 잠을 거의 못 잤던 기억이 납니다.

그런데
오늘 교회에서
예전의 저의 증세와 똑같은 경험을 하고 있는
유치원을 다니는 귀여운 여자 아이를 만났습니다.

조심스럽게 다가오더니…

"던도사님, 궁금한 게 하나 있쪄요."
"뭐가 궁금해요?"

"음~ 던도사님, 귀신이 정말 있쪄요?"

어제 밤에 TV에서 귀신을 본 것입니다.

"그럼 당연이 있구 말구…"
"네? 증말요?"
그 예쁜 아이의 눈이 왕방울만해집니다.

이내 아이의 표정이 급 어두워집니다.

"그러면 음~ 천사는 있쪄요?"
"천사… 음~ 당연히 있지…"

"정말요? 뎐도사님 본 적 있쪄요? 진짜요?"
아이의 마음이 급해집니다.

"어떻게 생겼쪄요? 예뻐요?"

"… 응, 너처럼 생겼어…^^"

아이가 이를 드러내고 환하게 웃습니다.

* 천사와 귀신,
영적인 존재라 우리 눈으로 직접 볼 수는 없지만, 우리들은 늘 사람들의 얼굴에서 천사와 귀신의 모습을 보게 됩니다.

먼저 말해주세요

하루 일과를 마치고 집에 들어가면
가장 먼저 저를 맞아주는 사람이 아들 하준이입니다.

아들은 늘 저의 다리를 붙들고 이렇게 말합니다.

"아빠, 사랑해요오오~"
얼마나 예쁜지 모릅니다.

그리고
이어서 하는 말
"아빠, 500원만 주세요오."

안 줄 수가 없습니다.
왜냐하면
예쁘니까요.

그런데 매일 그럽니다.

어느 날,
아들이 달려오자마자 제 다리를 붙잡고 첫마디가

"아빠, 500원만 주세요오오~"
이러는 것이었습니다.

사실 별 거 아니지만
좀 마음이 섭섭했습니다.

항상 사랑한다고 먼저 이야기를 해 주었는데,
이날은 돈부터 달라고 졸랐기 때문입니다.

뭐, 어쩔 수 없이 손에 500원을 쥐어주자
저희 아들은 '씨익' 웃으며

"아빠, 사랑해요" 하고 뛰어가는 것이었습니다.
그 순간 깨달은 것이 하나 있습니다.

'아, 하나님 아버지의 마음도 다르지 않으시겠구나…
하나님께서도 우리에게 먼저 듣고 싶은 이야기가 있으실 텐
데 우리는 그 아버지의 마음을 읽지 못하고
우리가 하고 싶은 이야기만 할 때가 많았구나…'

제가 불렀던 노래 한 곡이 생각납니다.

사랑 합니다.
나의 예수님, 사랑합니다.
아주 많이요.
사랑 합니다.
나의 아버지, 사랑합니다.
그것 뿐예요.

* 사랑에는 한 가지 법칙밖에 없다. 그것은 사랑하는 사람을 행복하게 만드는 것이다.   - 스탕달 -

주인공

저는 드라마를 참 좋아합니다.

현대 드라마의 큰 특징은
절대 선도 없고, 절대 악도 없다는 것입니다.

하지만
저는 선악 구도가 확실한 고전적인 드라마를 좋아합니다.

그 가운데도
가장 재미있는 것이
바로 역사적인 인물이 주인공으로 등장하는

위인 드라마입니다.

허준, 대장금, 불멸의 이순신…
최고의 감동을 주었던 드라마였습니다.

이 드라마들의 가장 큰 특징 중 하나는
주인공은 어떠한 고난과 역경 속에서도
드라마가 끝나기 전까지는 절대 죽지 않는다는 것입니다.

전쟁터에서 활을 맞아도 주인공은 꼭 살아나고,
불이 나도 어디선가 주인공을 구해주는 사람이 꼭
나타나고,
절벽에서 떨어져도 누군가의 도움으로 다시 살아나곤
합니다.

참 신기하죠?

우리들의 인생에도 분명 주인공은 있습니다.
바로 나,
그리고 당신이라는 것입니다.

중요한 것은

자신이 엑스트라가 아니라는 것을 분명히 아는 것입니다.

하나님은

우리를 주인공 하라고 이 세상에 부르셨습니다.

> * 인생은 의미 있는 것이다.
> 행선지가 있으며, 가치가 있다.
> 단 하나의 괴로움도 헛되지 않으며,
> 한 방울의 눈물, 한 방울의 피도
> 그냥 버려지는 것이 아니다.
>
> — 어느 작가의 묘비에서 —

Thank you

모처럼 아주 예전에 들었던 카세트테이프 하나를 꺼내서 듣습니다.

그 중에 한 곡을
여러분에게 소개할까 합니다.

이 노래는 제게 너무나 특별한 노래인데
제가 고등학교 1학년 때
이 노래 때문에
정말 천국을 사모하게 되었습니다.

[Thank you]
― Ray Boltz

I dreamed I went to heaven
And you were there with me
We walked upon the streets of gold
Beside the crystal sea
We heard the angels singing
Then someone called your name
You turned and saw this young man
And he was smiling as he came

And he said, Friend
You may not know me now
And then he said, But wait
You used to teach my Sunday School
When I was only eight
And every week you would say a prayer
Before the class would start
And one day when you said that prayer
I asked Jesus in my heart

Thank you for giving to the Lord
I am a life that was changed
Thank you for giving to the Lord
I am so glad you gave

Then another man stood before you
And said remember the time
A missionary came to your church
And his pictures made you cry
You didn't have much money
But you gave it anyway
Jesus took the gift you gave
And that's why I am here today

One by one they came
Far as the eye could see
Each life somehow touched
By your generosity
Little things that you had done
Sacrifices made
Unnoticed on the earth
In heaven now proclaimed

And I know up in heaven
You're not supposed to cry
But I am almost sure
There were tears in your eyes
As Jesus took your hand
And you stood before the Lord
He said, My child look around you

Great is your reward

저는 천국에 간 꿈을 꾸었습니다

그리고 당신은 거기에 저와 함께 있었습니다

우린 황금 길과 수정바다를 함께 거닐었죠

천사들의 노래 소리가 들릴 때

누군가 당신의 이름을 불렀고

당신은 고개를 돌려 이 청년을 보았습니다

그는 웃으며 당신에게 다가왔죠

그가 말합니다

친구여 당신은 지금 저를 잘 모르시겠지만

한 번 잘 생각해 보세요

제가 8살 때 당신은 저의 주일학교에서 저를 가르치셨죠

매 주일 공부가 시작되기 전에 기도를 하셨는데

어느 날 그 기도시간에 저는 제 마음으로 예수님을

영접했습니다

감사해요, 제게 주님을 전해주셨죠

저는 변화된 새 생명을 얻었습니다

감사해요, 제게 주님을 전해주신 것을요

제게 전해주신 것으로 너무도 기쁩니다

또 다른 사람이 당신 앞에 와서 말했죠
"그때 기억나세요?"
어느 선교사님이 당신 교회에 오셔서 보여주신
사진 때문에 당신은 눈물을 흘렸고
많지는 않았지만 당신은 헌금을 해주셨죠
주님은 그것을 받으셨고
그로 인해 저는 지금 천국, 바로 이곳에 있는 것입니다

그렇게 한 명씩 찾아오는 사람들이 멀리까지 줄지어 있었고
각각의 삶이 어떤 모습이든
당신의 너그러운 마음에 감동을 받은 것입니다
당신이 했던 작은 희생들이
땅에서는 숨겨졌으나 이제 천국에서는 크게
선포되었습니다
알아요, 천국에서 울어서는 안 된다는 사실을요
하지만 당신의 눈에는 눈물이 고여 있을 테죠
예수님께서 당신의 손을 붙잡고 계실 때,
당신은 주님 앞에 서 있겠죠
그분께서 말씀하시기를
"아이야, 주위를 둘러보아라. 네 상급이 이렇게 크구나!"

이 노래의 가사가

저에게는 이 땅에서 사람들을 만날 때 가슴을 설레게

하는 가장 큰 이유입니다.

> * 임심조서(林深鳥棲), 숲이 깊으면 새가 깃들인다고 했습니다. 우리가 이 땅에서 사는 동안 너그러이 주님의 사랑을 베풀면 복음은 자연스레 전해질 것입니다.

알아서 잘해요

저는 기도를 안 하면
가장 먼저 나타나는 현상이 작은 일에도 짜증을 낸다는
것입니다.

요즘 제가 짜증을 자주 냅니다.

그도 그럴 것이
수첩에 기도제목들을 적어 놓고 기도를 하는데
요 몇 주 동안은
기도 제목이 많이 적혀 있지 않았습니다.
기도를 많이 안 했다는 증거죠.

저는 어이없게도 하나님께 말도 안 되는 핑계를 댑니다.

"하나님 아시잖아요… 기도 제목이 별로 없었다는 거요…"
그러자
하나님께서 제 마음속에서 말씀하십니다.

"그러면 기도거리를 좀 듬뿍 주랴?"

"아, 아니요…"

* 쉬지 말고 기도합시다. 기도하지 않으면 하나님께서 정말 기도제목을 주실지도 모릅니다.

성공한 다음은 뭐?

어제는 수능 시험일이었습니다.

문제 하나하나에 일희일비하는 수험생들을 보니 안타까운 마음이 앞섭니다.

사람들은 성공에 목숨을 겁니다.

과정보다는 결과에 모든 관심을 기울이게 됩니다.

과정이 좋아야 결과도 물론 좋은 법이지만 과정을 무시한 결과만을 생각한다면 도덕적으로 윤리적으로 많은 상처를 남기기도 합니다.

하지만

하나님은 근본적으로 다르십니다.

사람은 결과에 모든 것을 걸지만

하나님은 결과 이후에 관심이 많으십니다.
우리에게 축복을 주시고 난 다음,
그것 때문에 사랑하는 자녀가 상할 수 있다면
아버지는 결코 그것을 주시지 않으실 것입니다.
사람의 소원대로 그것을 다 채우신다면
인간은 교만과 타락의 노예가 될 수밖에 없을 것입니다.

하나님께 구하고 그것이 더디 이루어질 때는
내가 구하는 것에 대해 꼭 다시 한 번 생각해 보아야 합니다.
그리고
하나님 아버지의 선한 인도하심을 신뢰하여야 합니다.
그러면
하나님은 우리를 가장 좋은 길로 인도하실 것입니다.
왜냐하면
하나님은 우리의 나중을 아시는 분이시기 때문입니다.

* 우리는 때때로 기도 응답이 없다고 투덜거리기도 합니다. 그러나 하나님께서는 하나님의 방식대로 우리를 인도하십니다. 다만 우리가 알지 못했을 뿐. 하지만 세월이 지나서 깨닫기도 합니다. 하나님께서 우리의 기도를 들어주셨음을… 하나님께서 매순간 우릴 선한길로 인도하셨음을…

상담

대학교 실용음악과 교수 8년차…

간혹
학생들 중에 이런 상담을 하는 학생이 있습니다.

"선생님, 저 가수가 되고 싶어요."
"그래? … 그럼 우리나라에서 대중가수가 되려면 무엇이 필요할까?"

"실력? 외모? 기획사? 돈?"
"잘 아네?"

"너, 실력 있니?
외모 자신 있어?
기획사는 찾아야겠지?
돈 … 없지, 그치?"

"네, 선생님…"
갑자기 목소리에 자신이 없어집니다.

"그럼, 왜 가수가 되고 싶니?"
"노래가 좋아서요…"

"빙고! 네가 가장 좋아하고 사랑하는 것이 노래 맞니?"
"네!"

"그러면 노래를 위해서 고생할 각오가 되어 있니?"
"네!"

"노래를 잘 하려면 어떻게 하면 될까?"
"음악 많이 듣구…, 연습 꾸준이 하구…"

"그럼, 그동안 왜 그렇게 안했니?"

"…"

이미 아이는 가수 되는 법을 다 알고 있습니다.

 * 우리들은 이미 성공에 대한 노하우를 모두 알고 있습니다. 성공의 성패는 실천하느냐 포기하느냐에 달려 있습니다.

용기가 부족해서

제 노래를 들으시는 분 중에 몇 분은 이런 말씀을 하십니다.

저의 목소리가
찬양을 하기에는 딱이라구요.

그 말씀은 목소리 자체에 은혜가 있다, 저 스스로 교만한
생각을 해봅니다.

찬양 사역자 말고
대중가수 중에도 목소리에 은혜가 있는 친구들이 있습니다.
노래를 듣고 있으면

'저 친구는 찬양을 해야 하는데…' 이런 생각이 드는 친구들 말입니다.
하지만
그들은 찬양을 부르지 않고 가요를 부릅니다.

물론 그들 역시 크리스천입니다.

그들과 같이 가끔 공연을 하다보면 자연스레 대화를 나눌 기회가 생깁니다.

그러면 권면하죠.
"찬양 사역하고 싶지 않아요?"
"하고 싶죠… 그런데 좀 더 유명해져서 하려구요. 그래야 하나님께 영광이 되죠."

"하나님은 유명한 사람의 찬양을 받고 싶다는 말씀은 결코 하지 않으셨어요.
있는 그대로
주님 주신 달란트로 그분을 높이는 것을 기뻐하십니다.

내 목소리도 주님이 거두어 가시면 아무 소용이 없습니다.
되려 주님 주신 달란트를 잘못 사용하면
그것이 올무가 되어 잘못된 길로 인도할 수도 있습니다."

이렇게 얘기해 주고 싶었습니다.

* '미래를 신뢰하지 마라, 죽은 과거는 묻어버려라, 그리고 살아있는 현재에 행동하라.' 롱펠로우의 말입니다. 어쩌면 하나님께서는 우리들에게 이렇게 말씀하실지도 모르겠습니다. "너희에게 내일이 있을지 아느냐?"

기도하고 드세요

요즘 고민이 하나 있습니다.

사랑하는 제자들 중에
술과 담배를 주님 사랑하듯 하는 이들이 있기 때문입니다.

요즘 대학생들이 다 한다 하지만
하나님의 일을 해야 할 이들이
술과 담배를 끊지 못하는 모습을 보면…

사실 그냥 이해하고 넘어가기 무척 어렵습니다.

여러 번 불러서 타이르기도 하고 혼내 보기도 하지만
며칠 지나면 다시 온몸에서 풍기는 냄새가
저의 인내심에 한계를 느끼게 합니다.

마음이 심란해
고민이 있을 때마다 자주 상담을 요청하는
목사님께 전화를 드립니다.

"목사님 이럴 땐 어떻게 하죠?"

사실 목사님도
교회 성도들 중에 아직 이 문제를 해결하지 못하신 분들이
많아
기도 중 마음을 굳히셨다고 합니다.

목사님께서는 술, 담배 때문에 교회 출석을 못하면
그것은 더더욱 안 될 일이라고 생각하시고
점잖게 권면하셨다고 합니다.

"성도님!

술, 담배 괜찮아요.

… 하세요…

그런데,

한 가지, 그것도 음식이니까

기도는 잊지 말고 꼭 하고 드세요."

 * 술 취하지 말라 이는 방탕한 것이니 오직 성령으로 충만함을 받으라 (엡 5:18)

나이

요즘 사람들이 민감하게 반응하는 것 중 하나가
바로 나이입니다.
"젊어보이세요" 하면
바로 대하는 태도가 달라지게 하는 것이
나이입니다.

그런데
젊어 보인다는 것은 다른 말로 하면
실제 나이보다 생체 나이가 젊어 보인다는 이야기겠죠.
저도 젊어 보인다는 이야기를 많이 듣습니다.
저도 사람인지라 그런 말을 들을 때면 기분 참 좋습니다.

우리들에게 주어진 실제 나이,
그리고 생체나이.

그런데,
이것보다 더 중요한 나이가 있다면 정신 나이일 것입니다.
나이 값 못한다는 말을 듣는 사람이 바로 정신 나이에
문제가 있는 것입니다.
여러분!
우리에게 하나의 나이가 더 있다는 사실을 아십니까?
네, 바로 영적인 나이입니다.
한 번 생각해 보십시오.
당신의 실제 나이
생체 나이
정신 나이
그리고,
영적인 나이…

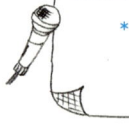
　* 요즘은 한 가지가 더 추가됩니다.
　 '피부 나이' ^^

이유

찬양을 드릴 때 하나님께 드리는 박수는
이 세상 어느 누구에게 보내는 박수보다도 크고
열정적이어야 한다고 생각합니다.
그래서
저는 찬양을 드릴 때 성도들에게 박수를 열심히 치자고
자주 독려를 하는 편입니다.
오늘도 박수를 치며 뜨겁게 찬양을 드립니다.
그러자
맨 앞줄에 앉아 계신 장로님,
웃으시며 나지막이 말씀하십니다.
"전도사님~

우리 하나님 귀먹으신 분 아니시니까…
박수 작게 쳐도 다 알아서 들으실 거요."
그래서
저도 웃으면서 말씀을 드렸습니다.
"장로님, 이 세상에 예수 믿는 사람이 몇 명이나 되는지 아세요?"
"모르는데…"
"아마 한 10억 명쯤 될 거예요.
그 10억 명 중에 우리가 하나님 앞에서 뛸 수 있는 일이 몇 가지 없어요.
하지만 박수 크게 치는 것하고, 찬양 열심히 드리는 것 그건 할 수 있잖아요?"
앞자리에 앉아 계신 장로님께서 고개를 끄덕이십니다.

그날은
장로님께서 제일 열심히 박수치셨습니다.

 * 찬양은 훈련이 되지 않으면 어색할 수 있습니다.

당신 때문에…

교회에서는 성도간의 인사가 중요하죠.
가장 많이 하는 인사는 보통
"주의 사랑으로 사랑합니다."
"당신은 축복의 통로이십니다." 등등입니다.

제가 어제 다녀온 교회는 서로 바라보면서 인사를 하는데…
특이하게도
두 가지 중에 꼭 하나만 고르라고 하시더군요.

"당신 때문에 제가 행복합니다."
"당신 때문에 제가 피곤합니다."

물론 의도된 선택이었지만
나름 느낀 점이 있었습니다.

우리들은 살면서 솔직할 수 없는 상황이 참 많구나,
라는 것입니다.

늘 인사는 "행복합니다." 하면서도
솔직히 교회 안에서 만나면 피곤한 사람도 있지 않습니까?

그런데
그런 사람들이 모인 곳이 교회라고 주님은 말씀하십니다.

* '언어는 존재의 집'이라는 말처럼 그 사람의 언어를 보면 사람 됨됨이를 알 수 있습니다. 가나안 정탐꾼 12명 중 10명은 자신들을 메뚜기처럼 보았고, 이스라엘 백성들은 10명의 정탐꾼의 부정적인 보고에 귀 기울였습니다. 아직 아무런 일이 일어나지 않았음에도 마치 결과가 나타난 것처럼 패배감에 사로잡혀 통곡하며 울었습니다. 하나님께서는 이스라엘 백성들이 말한 대로 광야에서 그들이 다 죽고 가나안 땅을 밟지 못하도록 하셨습니다. 바로 그들의 부정적인 말 때문에. 어떤 사람이 되시겠습니까? 부정적인 10명의 정탐꾼? 아니면, 여호수아와 갈렙?

아직도 심장병을 가지고 태어나는 아이들

심장병 아이들을 수술해주는 자선단체와 함께
동역을 시작한 지 17년.

그동안 2,000명이 넘는 아이들이
이 단체를 통해 심장병 수술을 받았습니다.

한국 뿐 아니라
전 세계 10여 개 나라,
수술을 못해 고통 받는 아이들에게 희망을 심어주는 일을
이 단체는 묵묵히 해왔습니다.

초창기에는 한국 아이들이 수술을 받는 사례가 많았는데
요즘은 한국에 있는 아이들보다는
빈민국의 아이들을 더 많이 수술해 준다고 합니다.

그 이유는
한국 의료 수준이 많이 올라가서 어머니 뱃속에 있을 때,
초음파로 아이의 심장병 여부를 미리 알 수 있기
때문이라고 합니다.

산모들이 심장병이 있는 아이들은 미리 낙태하기 때문에
그만큼 심장병을 가지고 태어나는 아이들이 적어졌다고
합니다.
그럼에도 불구하고
한국에서 심장병을 가지고 태어나는 아이들이 간혹
나타나는데,

그 이유는
돈이 없어 초음파 검사를 하지 못한 어려운 산모들의
아이들과
하나님이 주신 생명은 절대 지울 수 없다고

출산하기로 결심한

목사님들의 아이들 때문이라고 합니다.

* 있는 그대로를 받아들이는 것과 원하는 것을 선택하는 것에는 큰 차이가 있습니다. …… 참 어렵습니다. 아는 것과 행하는 것의 간격이….

너무 하잖아요?

제가 처음 교회를 다니기 시작할 때
목사님들의 설교는 평균 1시간이었습니다.

주일예배는
찬양과 기도 포함해서 2시간을 넘기는 일은 다반사였고
그것에 대해 성도들은 어느 누구도 싫은 내색을 하지
않았습니다.
예배는 당연히 그렇게 드리는 것으로 알았기 때문입니다.

하지만
요즘 대부분 교회의 전체 예배 시간은 1시간이고

10분만 지나도 안절부절 못하시는 성도들이 의외로
많습니다.

성도들의 머릿속에
예배는 한 시간이라는 고정관념이 들어서기 시작한
것입니다.
목사님의 설교는 평균 25분.
5분만 지나도
"우리 목사님, 너무한 거 아니야?"
요즘 우리들의 예배 속에 이런 모습을 자주 볼 수 있습니다.

얼마 전, 미국 캘리포니아 주를 방문했을 때 한 젊은이를
만났습니다.
저는 찬양집회를 할 때
시간에 대해서만큼은 철저해서
2시간 공연이면 어김없이 앙코르를 포함하여
정시에 마치도록
노력을 합니다.

그날 공연도

7시에 시작해서 정확하게 9시에 마치고
목사님의 축도를 받기 위해 마이크를 넘기려는 순간
한 젊은이가 소리를 칩니다.

"너무한 거 아니에요?"
깜~짝 놀랍니다.

'아니, 이게 무슨 소리람? 너무한 거 아니냐니?'

이유인즉,
이 친구, 소리엘 찬양을 들으러 네바다 주에서 차 몰고 6시
간을 온 것이었습니다.
그것도 한 번 쉬지 않고.
본인이 주님을 만난 이후로
소리엘 찬양을 알게 되고
자신의 신앙을 지켜 오게 한 노래를
라이브로 듣는다는 기대감에
그 먼 거리를 달려 온 것이었습니다.

"6시간 차 몰고 왔는데, 2시간은 너무 짧잖아요…."

순간 성도들의 얼굴이 환하게 펴지면서
앙코르를 외치기 시작합니다.
그 순간 저는 제의를 하나 합니다.

"아마 여러분 중에 제가 찬양을 더 하는 것에 대해
불만이 있는 분도 계실 겁니다.
만약 제가 앙코르를 하는 동안 한 분이라도 일어서서
나가시면
그것으로 찬양을 마치겠습니다."

행복한 저녁이었습니다.
그 청년 덕분에 저도 40분을 더 노래해야 했습니다.

* 하나님의 역사는 사모하는 자를 통하여 일어나는 것입니다.

100%

'내 기도를 하나님께서 100% 들어 주실 수 있는 방법은
무엇일까?'

생각보다는 간단합니다.
하나님이 좋아하시는 것을 내가 좋아하고
내가 좋아하는 것을 하나님이 좋아하시게 하는 것입니다.

그러면
여기서 가장 중요한 것은 하나님이 무엇을 좋아하시냐?
는 것입니다.

그건 책에 다 씌어 있습니다.

성경 안에 모든 길이 있는데도 우리는 자주 다른 곳에서 해답을 찾으려 합니다.

* 요즘 한국 크리스천들은 성경을 많이 읽지 않는다고 합니다. 인터넷의 보급으로 책을 읽는 것이 점점 불편해진 탓입니다.
성경을 읽어야 합니다.
그래야 하나님의 마음을 알 수 있습니다.

예뻐지고 싶으세요?

1. 예쁜 엄마, 잘 생긴 아빠를 만난다 (우성 유전인자를 물려 받는다).
하지만 이것은 이미 게임이 끝난 상황!

2. 이 글을 읽는 순간부터 적금을 든다.
(압구정동에 유명한 성형외과를 미리 알아 둔다)
하지만 얼굴에 칼 대는 일, 이것도 권장할 만한 방법이 아님!

3. 예수를 잘 믿는다 (얼굴의 포지션은 결코 바뀌지 않는다).
하지만 여러분의 인상이 바뀌면서 사람들이

"예뻐지셨어요!" 할 것이다.

* 링컨이 미합중국의 대통령이 되었을 때 한 지도자가 내각의 인물을 추천했을 때 링컨은 거절했다고 합니다. 이유를 묻자 링컨은 그 사람의 얼굴이 마음에 들지 않는다고 했습니다. "사람을 외모로 판단하시는 겁니까? 외모는 자기 책임이 아닙니다." 그가 정색을 하고 말하자 링컨이 대답했습니다. "물론입니다. 그러나 40대는 자기 얼굴에 책임을 질 줄 알아야 합니다."

시합

달팽이와 거북이가 달리기 시합을 합니다. 누가 이길까요?
정답은 먼저 들어오는 녀석입니다.
그러면
이 세상에 돈 많은 사람, 공부 많이 한 사람, 건강한 사람.
이 중에 누가 인생에서 성공한 사람일까요?
정답은
예수 믿고 잘 죽는 사람입니다.

* 인생은 경주가 아니다. 일등으로 들어오느냐보다 얼마나 의미 있고 행복한 시간을 보냈느냐가 바로 인생의 성공 열쇠이다.　　　　　　　　　　－ 마틴 루터 －

참 다른 전쟁

누군가 굶주림과의 전쟁을 하고 있을 때
우리는 살과의 전쟁을 하고 있었습니다.
누군가가 쓰레기 더미를 뒤져 먹을 것을 찾고 있을 때
우리는 몰래 쓰레기 버릴 곳을 찾았습니다.
누군가는 마실 것이 없어 우물을 파고 있을 때
우리는 샤워기에 물을 틀어 놓고 명상에 빠집니다.

> * 역지사지(易地思之)라는 말이 떠오릅니다. 하지만, 다른 사람의 입장이 된다는 것이 과연 가능할까 생각해 봅니다. 왜냐하면 그 생각의 실체 역시 나이기 때문입니다.

마음은 교만이 가득 차 있는 것이다
그 얼굴에 허영심이 가득하다면
그 안을 들여다 볼 수 있다 따라서 만약에
사람은 겉으로 나타나는 모습을 통해

— 헨리 스미스 —

큰 교회 가난한
목사님, 작은 교회
부자 목사님
Part. three

03
Part. three

우리 교회가 달라졌어요

TV에서
'우리 아이가 달라졌어요' 라는
프로그램을 보고 있습니다.

심각한 문제가 있는 아이들이
엄마, 아빠를 참 힘들게 합니다.
보고 있는 저도 참으로 답답합니다.
만약 내가 저 상황이었다면…
생각만 해도 끔찍합니다.

TV 속 아이의 엄마가 많이 웁니다.

너무너무 힘들어서…
아동 심리 전문가가 한 번 해보자고
그 아이의 엄마 손을 꼭 잡고 용기를 줍니다.
.
하루, 이틀 시간이 흐르자
신기하게도 아이가 조금씩 변하기 시작합니다.
놀라운 변화들이 일어나기 시작합니다.
.
이제는 엄마가 울면서 웃기도 합니다.
엄마는 너무 행복해 합니다.

이제 우리 아이는 문제아가 아니라고 소리칩니다.
'우리 아이가 달라졌어요.'
떨리는 목소리 안에 기쁨이 넘칩니다.

참 좋은 프로그램입니다.

저는 참 오랫동안 교회를 다녔습니다.
'우리 교회가 달라졌어요.'
뭐 이런 프로그램은 없을까?… 생각을 해봅니다.

예전에 비해 우리 한국 교회 목사님들,
많이 힘들어 하십니다.
사랑하는(?) 장로님, 권사님, 그리고 집사님들 때문에…

한국 교회 목사님들, 새벽마다 우십니다.
좀 달라지면 좋겠는데….

"우리 교회가 달라졌어요…."
기도해 봅시다.

* 회개, 그것은 항상 새롭게 시작하는 것입니다.

큰 교회 가난한 목사님,
작은 교회 부자 목사님

[이 이야기는 모든 목사님에게 해당되는 이야기가 아님을
미리 알려 드립니다]

보통 찬양 콘서트를 하면
콘서트 후 음반 판매와 사인회를 갖게 됩니다.

작은 교회 목사님과 큰 교회 목사님들의 말씀이 참
다르십니다.

작은 교회 목사님,

"형제님! 문화사역을 위해 저도 하나 사겠습니다.
사인해 주세요."

큰 교회 목사님,
"어디 하나 줘봐.
내가 들어보고 성도들에게 광고 많이 해줄게."
이러십니다.

* '있는 사람이 더 한다'는 말이 바로 이런 상황에 해당되는 말일 것입니다. 하나를 갖고 있으면 두 개를 갖고 싶은 것이 사람의 본성일까요?

작은 교회 부자 목사님,
큰 교회 가난한 목사님

[이 이야기는 모든 목사님에게 해당되는 이야기가 아님을
미리 알려 드립니다]

집회나 콘서트 일정이 이미 잡혀져 있어서
요청하신 날짜에 가기 어려울 때,

작은 교회 목사님들과 큰 교회 목사님들의 말씀이
참 다르십니다.

작은 교회 목사님,

"아, 저희가 너무 늦게 연락을 드렸죠?
하나님께서 소리엘을 귀하게 사용하시니 참 감사하네요.
다음엔 미리미리 전화를 드려야겠네요.
아쉽지만, 다음에 꼭 모실게요.
사역 위해 기도하겠습니다. 힘내십시오!!"

큰 교회목사님,
"그 날 집회가 어디 교회지?
어딘지는 잘 모르겠지만 우리교회 오는 게 더 낫지 않겠어?
시간을 좀 줄 테니까 잘 생각해보고 일정 조정해서 연락 줘.
모르긴 몰라도 우리교회 오는 게 도움이 많이 될 거야."
-참고로 이분은 큰 교회 부목사님이십니다.

* 사람은 겉으로 나타나는 모습을 통해 안을 들여다 볼 수 있다. 따라서 만약에 그 얼굴에 허영심이 가득하다면 그 마음은 교만이 가득 차 있는 것이다.   – 헨리 스미스 –

"좋~습니다!"

서울에 있는 한 교회에 찬양집회를 갔습니다.

한 시간 내내 행복했던 찬양 시간이 끝나고
담임목사님께서 나오시며 말씀하십니다.

"여러분! 음반으로만 듣던 소리엘을 직접 보고
찬양을 들으니 저는 참 좋았는데,
여러분은 어떠세요?"

그러자 2,000여 명의 성도들이 합창을 합니다.

"좋~습니다!"

신기합니다.

이렇게 짧은 말 한 마디로도 사람이 이처럼
행복해질 수 있다는 것이요.

그 교회는 당회도 한 마디면 끝난다고 합니다.

"장로님들 어떠세요?"
"좋~습니다!"

꿈같은 이야기지만 사실입니다.

* 믿고 따르는 것과 맹목적으로 따르는 것은 다릅니다.
목회자와 성도, 그리고 성도와 성도 사이의 섬김이
지금 한국 교회에 꼭 필요합니다.

사인은 음반에?

찬양집회를 마친 후

다음 일정이 급하지 않은 이상
저는 사인을 받고 싶은 친구들에게 꼭 사인을
해주고 가려고
노력하는 편입니다.

이렇게 하게 된 것에는 사연이 하나 있습니다.

제가 고등학생 때
당시 아주 유명한...

제가 좋아하는

최고의 가창력을 가지신 CCM 가수의 콘서트에

간 적이 있었는데,

콘서트 내내 노래에 은혜를 받았습니다.

콘서트를 마친 후, 사인회가 있다 해서

용기를 내 그 분의 사인을 받으러 떨리는 마음으로

그 분 앞에

종이를 내밀었습니다.

그런데,

그 분이 저에게 하시는 말씀,

"야, 음반 사와. 사인은 음반에 받는 거야!"

그 순간 저는 중요한 진리를 깨달았습니다.

'아… 사인은 음반에 받는 거구나…'

하지만 그 당시 저는 돈이 없었고 음반을 사지 못해 결국

사인을 받지 못했습니다.

집으로 돌아가는 내내 마음이 아팠습니다.

그리고 다짐했습니다.

'내가 만약 찬양 사역자가 된다면 음반이 아니어도 원하는 곳 어디에든 사인을 해주리라.'

지금 저는 사인을 하고 있습니다.

음반에

종이에

티셔츠에

심지어

손바닥에도

* 겸손하지 않고서는 완전해질 수 없습니다. − 톨스토이 −

공인

비가 오던 어느 날,

서울 강변북로를 달리고 있었습니다.
차가 많진 않았지만 비가 많이 오던 터라 더욱
안전을 기하며
운전을 하고 있는데

갑자기 3차선에 달리고 있던 고급 승용차가 깜빡이도
넣지 않고
2차선을 지나 제 차가 있는 1차선으로 돌진을 했습니다.

손쓸 틈도 없이 그 승용차는 바로 제 차 앞으로 끼어들었고
충돌하기 일보직전 저도 모르게 본능적으로 급브레이크를
밟았습니다.

순간 제 차는 빗길에 미끄러지며 두 바퀴를 회전했지만
다행히도 뒤차와 부딪치지 않고, 가드레일 바로 앞에
섰습니다.

정말 짧은 순간이었지만
참 여러 가지 생각이 들었던 것 같습니다.

'휴… 주님 감사합니다!'

저를 위협했던 그 검정색 차량…

그 운전사도 놀랬는지 차를 세우고 가만히 저를
쳐다봅니다.

놀란 가슴 쓸어내리며
심호흡 후,

창문을 열고, 소리쳤습니다.

"아저씨, 운전 똑바로 하세요!"

그 아저씨는 가만히 내 얼굴을 쳐다보시더니 어의 없는 멘트를 날리십니다.

"야!! 안 다쳤으면 그냥 가!"

'세상에 저런…'

비도 많이 내리는데 저는 우산도 없이 그 운전사에게로 걸어갑니다.

치밀어 오르는 화를 간신히 억누르며
"아저씨, 잠깐 저랑 얘기 좀 하시죠!"

"야! 안 다쳤으면 그냥 가라고~"

화가 머리끝까지 치밀어 올랐습니다.

"아저씨!"

그 순간!
어디서 많이 들어본 멜로디가 그 아저씨의 휴대폰에서 들려옵니다.

"따라라 라라~~~따라라 라라~"

'이거 굉장히 익숙한 멜로딘데…'

'앗! 이거!'

굳이 생각하고 싶지 않은데 가사가 너무나 자연스럽게 떠오릅니다.

'너는~ 담장 너머로 뻗은 나무~'
제 노래입니다.
'야곱의 축복'
"헐"이란 단어는 이럴 때 쓰는 건가 봅니다.

순간 머릿속이 하얘져 전 공손히 한마디 하고는 황급히 차로 돌아왔습니다.

"안전운전 하세요."

'휴…'

그냥 감사하다는 생각만 들었습니다.

큰 사고 안 난 것.
그리고 또 하나,

그 아저씨가 저를 못 알아본 것.

* 크리스천들은 빛과 같습니다. 빛을 숨길 수 없는 것처럼 우리의 모든 행동들은 사람들에게 드러나게 되어 있습니다.

* 너희는 세상의 빛이라 산 위에 있는 동네가 숨겨지지 못할 것이요 (마 5:14)

날씨와 예배

서울 강남에 있는 교회에 집회하러 갔습니다.
찬양을 마친 후 자리에 앉자
목사님께서 나와 주일 설교를 하십니다.

"여러분, 제가 토요일 저녁마다 무슨 기도를 하는지
아십니까?"
"하나님! 내일은 주일인데 제발, 비 좀 내려 주시옵소서…."

"?"
이유인즉,
주일날 날씨가 좋으면 성도들이 11시 대예배만 드리고

오후예배 시간에는 가족끼리 다들 놀러 가기 바쁘기 때문에
예배당 안이 텅텅 빈다는 것입니다.
텅 빈 예배당을 바라보며,
담임목사님께서 마음이 너무 상해,
토요일 밤마다 그런 기도를 하셨다고 합니다.
그런데 신기하게도
기도하신 그 주일부터 한 달 내내,
주일마다 비가 내렸다고 합니다.
덕분에 오후에도 성도들이 많이 모여 예배를 드렸는데…

놀랍게도 그 다음 한 달은
내내 주일날 날씨가 좋았다고 합니다.
그 원인은
성도들의 기도에 있었습니다.
"하나님, 우리 가족들 한 번만 놀러가게
제발 내일 날씨 좀…."

* 우리는 자주 하나님을 시험(?)에 들게 할 때가 있습니다.

사장님의 뻔한 거짓말

- 직원들에게

"월급 올려 주고 싶은데 정말 미안하게 생각합니다."
(사실 별로 안 미안해 합니다)

"지금부터 딱 1년만 더 고생합시다."
(10년 전부터 1년 만 더라고 합니다)

"이 회사는 여러분의 것입니다."
(언감생심~ 이 회사는 내 껍니다)

* 이 땅에 기업문화가 새로이 주목을 받고 있습니다.
정직하지 못한 기업은 퇴출될 수밖에 없는 사회적 환경이 만들어져 가고 있습니다.
우리들의 교회도 이제는 기업 수준 이상의 책임감이 필요합니다. 교회는 퇴출이 문제가 아니라
하나님의 영이 떠남을 두려워해야 합니다.

사례

대중가수들은 행사에서 노래를 부르면 개런티를 받습니다.
하지만 복음성가 가수들은 사례를 받습니다.

노래를 부르는 것은 같지만
노래가 향한 대상이 다르기 때문입니다.

저는 10여 년 전부터 사례가 든 봉투를 확인해 보지
않습니다.
그 이유는 저도 사람이기에
혹여 사례가 적으면 실망할까 해서입니다.

돈 액수로 저의 가치가 매겨지는 것이 싫었던 것입니다.

가수는 개런티가 맞지 않으면 절대로 노래를 부르지 않습니다.
하지만
찬양 사역자는 사례 때문에 노래를 부르지는 않습니다.

그리고 절대 그래서도 안 됩니다.

* 예수님이 이 땅에 오신 이유를 다시 한 번 생각해 보게 됩니다. 가난한 자, 병든 자, 고아, 과부…. 주님은 말씀하셨습니다. "예수께서 대답하여 이르시되 건강한 자에게는 의사가 쓸 데 없고 병든 자에게라야 쓸 데 있나니"(눅 5:31) 찬양 사역자들도 마찬가지입니다.

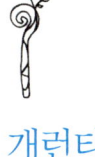

개런티

요즘 한국 교회의 유행병처럼 번지는 것이 연예인들의
초청 행사입니다.

과거에는 찬양 사역자들이
한국 교회 안에 문화적인 역할을 감당해 왔는데
이제는 그 역할을 연예인들이 대신합니다.

그래서 사역자들이 점점 설 곳이 없어지는 것도
사실입니다.

저는 연예인들이 교회 안에 서는 것을 찬성합니다.

전도할 수 있는 좋은 기회를 제공해 주기 때문이죠.

하지만 한 가지,
한국 교회가 분별의 영이 있기를 기도합니다.

한국 교회가 연예인들에게 개런티만을 제공하는 곳이 되지 않길 바랍니다.

* '소문난 잔치에 먹을 것이 없다'는 말이 있습니다. 좋은 노래를 듣고, 즐겁게 예배드릴 수는 있습니다. 하지만, 그것이 우리의 최종 목적은 아닙니다. 교회의 진정한 목적은 주님께 예배드리는 것입니다.

사막이 주는 은혜

사막에서 10년 넘게 선교사역을 해 오신 선교사님을
만났습니다.

그 분의 살아오신 인생의 과정을 들여다보니
참으로 드라마틱합니다.
대단한 학식,
잘생긴 외모,
좋은 집안.
하나님을 위해 자신의 모든 것을 다 포기하고
이슬람 국가에 선교사역을 떠나신 것입니다.
그렇게 결단하는 것이 결코 쉬운 일은 아니었을 텐데….

선교사님께 여쭤보았습니다.
"선교사님, 사막에서 제일 힘든 것이 무엇입니까?"

잠시 뜸을 들이시더니
"사막에는 아무것도 없지요…
물도, 나무도, 그리고 사람도 없어요…."
"고독한 시간을 참고, 참고, 또 참고…
그게 가장 힘들더라구요."
"그러다가 끝내 주님만 바라보게 됩니다."

그리고 미소를 지으며 말씀하십니다.
"주님은 항상 곁에 계셨는데, 왜 저는 외로워야 주님이
보이는 건지…."

* 어두워야 잘 보이는 것이 빛이라죠.
사람은 외로워야 주님이 잘 보이는 것 같습니다.
적당한 외로움이 때론 영성에 좋은 영향을 주는 것 같습니다.

믿음의 선배

전 세계 180개국 가운데
우리나라의 청렴지수는 38위라고 합니다.
10점 만점에 5.5점.
경제수준에 비하면 초라하기 그지없는 수준입니다.
우리나라의 부패지수는 바로 기독교인들의 도덕수준을
반영하는 것입니다.

소금과 빛이 자신의 역할을 제대로 하지 못할 때
세상은 부패하고 어둠이 몰려오기 때문입니다.

오래전 우리들의 선배들은 좋은 본을 보이셨습니다.

1920년 일제시대…
가장 앞장서 삼일운동을 주도했던 종교 지도자들 중에
가장 많은 수를 차지했던 사람들이 바로
기독교인들이었습니다.

어느 날,
삼일운동을 주도했던 주동자들을 색출하는,
대대적인 수사가 시작되었을 때
체포하러 가는 도중
일본 장교 하나가 직속상관에게 물었다고 합니다.
"만약 저들이 폭동에 가담한 적이 없다고 발뺌을 하면
어떻게 하실 겁니까?"
그때 상관은
"그건 걱정하지 마라.
내가 아는 조센징 기독교인은 스스로 속이며
거짓말은 하지 않는다.
그들은 순순히 자백할 것이다."
호언장담을 했다고 합니다.

실제로 많은 목사님들이 솔직히 자백하였고

목숨을 부지하기 위한 그 어떠한 행동도
하지 않으셨다고 합니다.

적국의 장교마저 신뢰했던 믿음의 선배들.
저는 지금 그 믿음의 선배들이 그립습니다.

*예수 믿는 자의 자랑은 공의와 정직입니다.

들음의 미학

목사님들께서 저에게 자주 하시는 말씀 중에

"장 전도사님은 말씀을 참 잘 하세요…."
그런가 봅니다.

생각을 해보니
라디오 DJ를 10년을 했으니
혼자 떠드는 일은 누구보다도 자신이 있는 것이
사실입니다.

그런데 한 가지 저에게 문제가 있는 것도 사실입니다.

대화를 할 때 듣기보다는 제가 이야기를 주로 많이 한다는 것이죠.

제가 존경하는 장로님께서 한 말씀하십니다.
"말 잘 하는 사람보다 대화를 잘 하는 사람이 멋진 법이야."

그 말씀의 뜻은
이야기를 잘 들어 주라는 것이었습니다.

* 말 잘하는 사람보다는 잘 듣는 사람이 대화의 세계에서는 고수입니다.
말 많이 하면 힘 빠집니다.

나눔의 미학

노래를 많이 하는 사람은
노래 듣는 것을 싫어한다는 사실을 아시나요?
늘 노래에 치여 살기 때문에 그렇습니다.
그런데도
요즘 듣고 또 듣는 노래가 한 곡 있습니다.
이 노래 '나눔의 미학'
"기쁨이 배가 되고 슬픔이 반이 되는
나눔의 비밀을 아는 그대여.
슬기로운 비결을 신비로운 기적을
모두에게 보여 주고 있네요.
가진 게 많아서도 시간이 남아서도

아니란 걸 잘 알고 있답니다.
누구나 할 수 있는, 하지만 아무나 할 수 없는
사랑을 실천하는 그대죠.
많이 가진 사람이 적게 가진 누구를
돕는 게 아닐 거예요.
사랑이란 건 시냇물처럼
예쁘게 흘러가는 것…."

참 아름다운 노래 말입니다.
이 가사 중에 가장 마음에 와 닿는 가사는
'가진 게 많아서도 시간이 남아서도' 입니다.
사실 사람은 제 각기 소중히 여기는 것이 다릅니다.
누구에게는 돈이 될 수도 있고
누구에게는 시간,
또 누구에게는 건강일 수도 있습니다.
자신이 가장 소중히 여기는 것을 나눌 수 있는 것,
그것이 진정한 나눔이 아닐까요?

* 그 본을 가장 확실히 보여주신 분이 바로 하나님이셨습니다. 그분의 외아들을 주셨으니까요.

솔리스트

(이 이야기는 모든 교회에 해당되는 일이 아니라, 특별한 교회에서 있었던 일임을 미리 말씀드립니다)

한국 교회 안에는 음악 전문가들이 참 많습니다.

성가대 지휘자,
그리고
성가대 솔리스트.

특히 대형교회에서는
이태리 유학파, 독일 유학파, 서울대 출신 등등 계보가 화려

합니다.

들은 이야기지만
이런 귀한 분들을 스카우트하기 위한 경쟁도
교회마다 치열하다는 이야기를 들었습니다.

이 분들이 부르는 노래를 듣고 있노라면
저도 노래를 하는 사람이지만
천사의 노래를 듣는 듯합니다.
그리고 이런 실력파 분들이 부르는 노래를
매주 교회에서 들을 수 있다는 것이 참 감사합니다.

얼마 전, 서울에 있는 아주 큰 교회에
특송 순서를 맡아 방문한 적이 있었습니다.

제 특송 이후,
이 교회의 자랑, 성가대의 찬양이 이어졌습니다.

너무나 훌륭한 찬양이었습니다.
특히 중간 중간에 나오는 솔리스트들의 노래는 너무나

인상적이었습니다.

참 많은 은혜를 받았습니다.

순서를 마치고 대기실에서 차 한 잔을 하고 있는데…

조금 전 성가대에서
솔로를 했던 솔리스트들이 들어옵니다.

가까이서 보니, 나이 어린 친구들이었지만
반가운 마음에 벌떡 일어나 먼저 인사를 합니다.

그런데…
인사는 받는 둥 마는 둥…
서로 대화를 나누며 옷 갈아입기에 바쁩니다.

"야, 아까 그 곡 좀 이상하지 않냐?
지휘자가 왜 그렇게 박자를 못 맞추냐?
아, 짜증나!"

"너 지금 또 어디 가냐?"
"다른 교회 또 솔로 하러 가야지."

"오~ 요즘은 몇 탕이나 뛰는데?"
"뭐… 세, 네 번…."

"목소리는 괜찮냐?"
"어… 며칠 술 안 먹으니까… 좀 괜찮아지네…."

"그래. 많이 벌어. 잘 가라."
"응. 너두."

오랫동안 자리에서 일어날 수가 없습니다.
마음이 참… 복잡합니다.

* 우선 겸손을 배우려 하지 않는 자는 아무 것도 배우지 못한다.   - O. 메러디드 -

장례식장의 동영상

여러분은 혹시 웃음소리가 끊이지 않는
장례식장을 본 적이 있으십니까?

아마도 이런 경험을 한 사람은 그리 많지 않을 것입니다.

그동안 저도 참 많은 장례식장을 가보았지만
그런 장례식은 딱 한 번 경험해 보았기 때문입니다.

평생 주님과 동행하며 많은 성도들에게 본이 되셨던
장로님.

이 장로님은 본인의 장례식을
3년 전부터 본인이 직접 준비하셨다고 합니다.

생애 가운데 가장 행복했던 순간을 담은
사진들을 편집하여 만든 영상이
영정사진 대신에 설치한 모니터에서 쉬지 않고
흘러나옵니다.

그 영상 안에서는 살아생전 장로님의 밝은 모습,
행복한 표정이 가득 넘칩니다.

갑자기 영상에서 돌아가신 장로님의 육성이 들립니다.

"여러분!
바쁘신 데도 저의 장례식에 이렇게 와주셔서 대단히
영광입니다.
저는 지금 천국에 있습니다.
여러분! 모두 열심히 주를 위해 살다가
여기 행복이 가득한 천국에서 다시 반갑게 만납시다.

사랑합니다."

'아… 이건…'

이 영상을 보시는 모든 분들의 얼굴이 환해집니다.
그분은 돌아가셔서도 전도를 하고 계셨습니다.

'우리의 흔적은 죽어서도 남는 것일까?'

장로님처럼 죽어서도 향기를 날리는 그런 예수쟁이가
되고 싶습니다.

* 인생은 가치 있는 목적을 지녔을 때만이 가치 있다.
— G. W. F. 헤겔 —

할머니 성가대

대구에 있는 어느 교회에 찬양 콘서트를 갔습니다.

제 순서를 하기 전에 준비된 특별 순서.

할머니 성가대가 찬양을 하십니다.
멋진 양장에 곱게 화장을 하시고
30분 동안 할머니들이 아름다운 화음으로 찬양을 하십니다.

'어쩌면 저리도 고우실까?'
연습을 꽤 많이 하신 듯 악보도 보지 않으시고
지휘자만을 바라보며 노래를 하십니다.

그 중 가장 압권은 천사 같은 미소와 온화한 표정으로
노래를 부르는 할머니들의 모습이었습니다.
감탄이 절로 나옵니다.

간주.
2절이 시작 되었습니다.

맨 앞줄에 계시던 할머니 한 분이 2절 솔로를 하십니다.
참 노래를 잘 부르시는데~

분위기가…
뒤에 계시던 할머니들의 눈빛이 심상치 않습니다.

솔로 하시는 할머니 한 분을 제외하고는
모든 할머니들의 눈이 도끼눈으로 변해 있었습니다.

* 역시 한국에서 튄다는 것은 가시밭길입니다.

긍휼의 눈

제가 참 좋아하는 할머니 권사님.

저는 불평불만이 많은 사람을 싫어하지만
이 권사님은 늘 불평을 입에 달고 사시는데도
저는 이분이 너무 좋습니다.

이 권사님이 늘 입을 삐죽 내미시며 하시는 말씀,

"에구… 세상이 왜 이러누… 불쌍한 사람이 너무 많아…
힘들어 못살것어. 왜 이리 도와줘야 하는 사람이 많은지…"

그분 눈엔 세상에 도와줘야 할 사람,
기도해줘야 할 사람이 늘 넘쳐납니다.
이분은 바로 긍휼의 눈을 가지고 계시는 분입니다.

제가 아는 어떤 집사님.
세상에 눈 씻고 봐도 도와줘야 할 사람이 안 보이신다고
합니다.
다 자기 인생이고 자업자득이랍니다.

저는 좀 걱정입니다.
이 분… 구원은 받을 수 있을는지…

* 성도는 선행으로 구원을 받는 것은 아니지만, 선행을 실천
하라고 구원을 받은 것입니다.

사찰집사님

서울 강남.

오늘은 75세 이상 되신 어르신들과 함께 찬양예배를
드렸습니다.

찬양을 드리기 전,
어르신 담당 목사님께서 짤막한 간증을 해주셨는데
그 간증이 제 마음속에 깊은 감동을 주었습니다.

목사님께선 어린 시절에 주님을 만나
예수님이 너무 좋아

주님과 늘 함께 하고 싶어
어린 마음에 이런 기도를 드렸다고 합니다.

"하나님,
저, 성전의 사찰집사가 되고 싶어요."

하루 종일 24시간 내내 교회에 있을 수 있는 방법이
무엇이 있을까…
고민하시다가
사찰집사가 되면 그 소원이 이루어질 것 같아 그러한
기도를 드렸다고 합니다.

어린 시절 아이의 기도였지만 너무 순수하고 아름다운
소원이라는 생각이 들었습니다.

찬양 집회를 잘 마치고
집으로 가려고 제 차가 주차되어 있던 곳으로 향하고
있는데

누군가 제 차 주위를 맴돌며

타이어를 발로 차는 모습이 보였습니다.

그분은 이 교회 진짜 사찰집사님이셨습니다.

목사님들만 세워놓는 특별한 자리에
제 차가 주차되어 있어 무척이나 화가 나신 모양입니다.

황급히 달려가 머리를 조아리고 사과를 합니다.

"전 오늘 찬양하러온 사람인데요,
목사님 전용 주차 자리인 줄 몰랐습니다.
용서하십시오."

"한 번만 더 이러면 타이어 바람을 다 빼 놓을 줄 알아.
빨리 차 빼!"

"아…"

> * 저는 세상에서 아파트 경비 아저씨와, 교회 사찰집사님이
> 젤로 무섭습니다.

선교사님과 아들

세계선교대회에서
아프리카에서 오신 선교사님과 선교사님의 9살 난
아들을 만났습니다.

선교사님께서는
선교지에서 소리엘 찬양을 들으며 참 많이 울었다고
합니다.
그리고 저에게 고맙다고 하십니다.

선교사님의 아들은 특히 야곱의 축복을 너무 좋아한다고
사인까지 해 달라 합니다.

선교사님의 아들이 질문을 합니다.

"전도사님… 차 있으세요?"

"그럼."

"차 좋아요?"

"으응?…"

"몇 년 된 차예요?"

"한 5년…"

"아…"

"왜?"

"우리 아빠 차는 35년 된 차인데…"

"그래? …"

"우리 차는 맨날 가다가 서는데 우리 아빠는

그 차가 젤 좋대요…"

"…"

선교지의 열악한 상황과 선교사님 가정의 형편을

그 아이와의 짧은 대화를 통해 알아차릴 수 있었습니다.

그곳은 물이 너무 귀해

샤워는 당연히 꿈도 못 꾸고,

빗물을 받아 식수와 간단한 세수를 해결한다고 합니다.

한 여름에

너무 더워 잠을 잘 수 없을 때에는
세수하고 버리지 않은 물을 수건에 적셔
몸통에 덮고 자야 잠을 청할 수 있다고 합니다.

가장 마음이 아팠던 것은

화장실 변기에 내리는 물도 아까워서
온 가족이 용변을 보고 한데 모아 놨다가
저녁에 양치하고 세수하고 모아놓은 물로
그것들을 한꺼번에 청소한다는 것입니다.

지금 사인 받는 그 아이의 손에는 작은 생수병 하나가
꼭 쥐어져 있습니다.

* 우리는 쉽게 사서 먹고 버리는 생수 한 병.
이 세상 어딘가에는 그 생수 한 병이 생명수인 사람도 있다
는 사실을 꼭 기억합시다.

예수쟁이들은 달라

택시를 타고 교회를 찾아가고 있습니다.

"기사님! 저기 사거리에 있는 큰 교회 보이시죠?
저기서 세워주세요."

"아, 저 문제 많은 교회요?"

순간 마음이 확 상합니다.

"무슨 문제가 있었나요?"
"저 교회 유명해요…"

택시기사님은 그 교회 교인이 아닌데도
교회 내 문제들을 속속들이 잘 알고 있었습니다.

목사님이 쫓겨난 이야기,
주차장 때문에 동네 주민과 소송 중인 이야기…

듣고 있자니 빨리 내리고 싶은 마음밖에 들지 않습니다.

차에서 황급히 내리는데 아저씨가 내 등 뒤에서 던진
한마디 말.

"교회가 옛날에는 안 그랬는데… 쯧!"

집회하는 내내
그 아저씨의 이야기가 머릿속에서 떠나지 않습니다.

100년 전 이 땅에 기독교가 처음 들어왔을 때

예수를 믿지 않던 사람들이 교회를 다니던 사람들에게
했던 말,

"예수쟁이들은 역시 달라."

우리 믿음의 선배들은 이 땅에 학교를 세우고,
병원을 만들고, 글을 몰랐던 사람들에게 언문을 가르치고…
그리고
이 나라, 이 민족을 위하여 목숨 바쳐 싸웠던 사람들이
바로 예수를 믿었던 사람들이었기에
세상 사람들은 예수 믿는 사람들을 향해
"예수쟁이들은 달라"라고 칭찬을 했었습니다.

하지만
시간이 흐르면서 사람들이 교회를 향해 하는 말들이
변하기 시작합니다.
"믿는 것들도 똑같아."

분명히 대문에 교회문패도 달려 있고,
교회는 다니는 것 같은데 하는 행동을 보면
세상 사람과 전혀 구별이 안 되는 모습.
할 것 다 하고, 다닐 때 다 다니고…

그런데

요즘 새로운 말이 생기기 시작했습니다.

"믿는 것들이 더해…"

저도 믿는 사람입니다.

하지만 이 말에 대한 책임을 다른 것에 돌리고
싶지는 않습니다.

세상 사람들은 기독교인들에게 무관심한 것 같지만
그렇지 않습니다.

아니 되려 지나칠 만큼 관심이 많습니다.

그 이유는 성경에 나와 있습니다.

우리는 세상의 빛이기 때문입니다.

세상이 점점 어두워질수록 사람들이 빛을 찾는 것은
당연한 것입니다.

* 너희 빛이 사람 앞에 비치게 하여 그들로 너희 착한 행실을 보고 하늘에 계신 너희 아버지께 영광을 돌리게 하라
(마 5:16)

교회 봉고차

저는 운전이 참 싫습니다.

하지만 운전을 정말 많이 합니다.
2년 동안 12만km.

어느 분이 말씀하시기를 택시 운전하느냐고 하십니다.

운전을 싫어하는 가장 큰 이유는 교통체증 때문입니다.

오늘도 심하게 막힙니다.

다들 힘들 텐데도 줄 서서 질서 있게 순서를 기다립니다.
그런데
봉고차 하나가 슬금슬금 제 앞으로 끼어듭니다.

어이가 없습니다.

하지만 저는 양보합니다.
왜냐면
봉고차 옆에 쓰여 있는 'XX교회' 라는 글을 다른 차들이 보면 안 되니까요.

* 인내할 수 있는 자는 그가 원하는 것은 무엇이든 손에 넣을 수가 있다.
— 벤자민 프랭클린 —

모르면 좋았을 것을

엘리베이터를 탈 때, 가장 기분이 좋을 때는
제가 타야 할 층에
엘리베이터가 미리 와서 기다릴 때입니다.
특히나 무거운 가방이나 짐을 들고 있을 때 문까지 열려 있
으면 금상첨화이지요.

오늘은 정말 감사한 날입니다.
엘리베이터가 문까지 떡 하니 열어놓고 기다리니까요.
하지만 그 행복도 잠깐,
엘리베이터 안에 미리 타고 계시던 한 아저씨 때문에
분노로 바뀌게 됩니다.

엘리베이터 문까지 5m.

그 아저씨, 저를 보자마자

황급히 닫힘 버튼을 누르시더니 혼자만 타고

쌩~올라가십니다.

참 어이가 없습니다.

일주일 후

저는 그 아저씨와 단둘이 엘리베이터를 타게 됐습니다.

저는 그 아저씨를 결코 잊을 수 없었습니다.

꿈에 나타날 정도였으니까요.

…

그 순간 저쪽에서

아주머니 한 분이 무거운 박스를 들고 소리치십니다.

"잠깐만요. 같이 타고 올라가요~"

그 아저씨,

역시나 그 소리 듣기 무섭게 닫힘 버튼에 손이 올라갑니다.

순간 저는 그 아저씨의 손을 잡아챕니다.

"아저씨, 좀 같이 타고 올라가면 좋잖아요….
아주머니, 어서 오세요~"

아주머니, 너무 고마워하면서 꾸벅 인사를 합니다.
"감사합니다. 감사합니다…"

엘리베이터를 올라 탄 아주머니
박스를 내려놓고 고개를 드는 순간

제 옆의 아저씨를 보더니
너무도 반갑게

"어머머 장로님! 이 아파트에 사셨어요?"

* 노블레스 오블리주!
사회 고위층 인사에게 요구되는 높은 수준의 도덕적 의무를 말합니다. 그 정도가 되지 못한다면 적어도 상식선에서는 있어야 되지 않을까요?
 부끄러워 낯을 들 수 없을 때가 한두 번이 아닙니다. 우리 크리스천 리더들의 모습이….

이런 교회 되게 하소서 1

사람의 이름을 지을 때는 그 이름 속에 담긴 뜻이,
그 사람의 삶 속에 이루어지기를 바라는 마음이 대부분
들어 있습니다.
그런데
여러 교회를 다녀 보니,
교회도 이름 따라 간다는 생각이 많이 듭니다.

실제로 어느 교회를 방문해 찬양을 드릴 때
성도님들의 표정이 너무 온화하고 부드러워서
'참, 교회 편안하다' 라는 생각이 든 교회가 있었습니다.

너무 편안해서 심지어 할머니 권사님 두 분이 주무시는
것도 보았습니다.
그 교회 이름은 '교회'였습니다.

또 한 교회는
얼마나 찬양을 뜨겁게 하는지
'와, 이 교회는 정말 열정적이구나.'
교회 이름을 보니 '교회'였습니다.

한국에 있는 모든 교회가 이름대로 역사하길 소원합니다.
아멘.

* 이름대로 된다는 말이 있습니다. 우리 크리스천들도 이름 값을 하는 크리스천이 되기를 소원합니다.

이런 교회 되게 하소서 2

음반을 녹음할 때마다 많은 시간 기도를 합니다.

이번 음반에는 하나님의 어떤 메시지를 담아야 하나…

20년 전부터 한국 교회를 바라보며
'이래서는 안 되는데' 라는 생각으로 가사를 적어보기
시작했습니다.
가사는 예상대로 부정적인 내용 일색이었습니다.

이것은 하나님께서 기뻐하시지 않는 것이라 깨닫고
그러면

'하나님! 우리 한국 교회가 이렇게 되게 해 주십시오.'
라는 마음으로 가사를 쓰던 중 후배의 귀한 곡을 받게 되었습니다.

그 노래가 바로 '이런 교회 되게 하소서' 라는 곡입니다.
이 노래는 간절한 저의 소망이고
주님의 소망임을 믿습니다.

이런 교회 되게 하소서

　-김인식

　진정한 예배가 숨 쉬는 교회
　주님이 주인 되시는 교회
　믿음의 기도가 쌓이는 교회
　최고의 찬양을 드리는 교회
　말씀이 살아 움직이는 교회
　성도의 사랑이 넘치는 교회
　섬김과 헌신이 기쁨이 되어
　열매 맺는 아름다운 교회
　주님의 마음 닮아서

이웃을 사랑하는 교회
주님의 영광을 위해서
빛 되신 주님 전하는 교회
사랑의 불꽃이 활짝 피어나
날마다 사랑에 빠지는 교회
주께서 사랑하는 우리 교회가
이런 교회 되게 하소서

아멘.

 * 우리 모두가 바라는 교회의 모습에는 주님이 사랑하시는 성도들이 있습니다. 주님께서는 어떤 사람을 사랑하실까요? 아마도 주님은 사랑이 많은 성도를 제일 예뻐하지 않으실까요? 조금만 기다려 주세요. 마음에 들지 않더라도, 성에 안 차더라도….

교회 안의 연예인

핸드폰에 모르는 번호가 부재 중 전화로 와 있습니다.

궁금한 마음에 전화를 드려봅니다.

"안녕하세요… 저는 소리엘에 장혁재라고 합니다."
"아… 장혁재 선생, 저는 **기획사 사장 ***입니다."

대중가요 기획사 사장님께서 저에게 전화를 할 이유가 없는데…

"무슨 일로 전화를 주셨는지…?"

"아, 다름이 아니라 우리 기획사에 여자 가수가 하나 있는데
이 아이가 교회를 다녀요…"

"아, 그래요?"
"그런데 이 아이가 완전 초짜라 교회에 가서 뭘 해야 하는지
하나도 모르네…
선생이 이 분야에서 뭐 제일 잘 나간다고 하는데,
한 번 보낼 테니 레슨 좀 시켜 주시죠.
내가 레슨비는 보내겠습니다."

"아니, 뭘 레슨 하라는 것인지…?"
"뭐… 있잖아요. 교회 사람들 앞에서 말하는 거하고,
교회에서 부를 노래 몇 곡…"

순간 화가 치밀어 오릅니다.

'도대체 이게 무슨 일이람…'

어이없는 상황에 뒷말을 잇지 못합니다.
"저, 사장님! 저는 그런 사람이 아닙니다. 그리고 교회는

그런 곳이 아닙니다.
전화 끊습니다."

순간 정신이 번쩍 듭니다.

'이제 대중 기획사에 교회가 돈을 벌어주는 대상이 되었구나.'

TV에 출연하는 연예인들을 훈련시켜 교회로 투입하기 시작한 것입니다.
그런데 중요한 것은
교회가 이들을 쌍수로 환영한다는 것입니다.
유명 연예인이 교회를 방문한다는 소식에 대대적으로 홍보하고
엄청난 개런티를 치르면서도
교회라서 적게 받고 온다고 자랑을 하십니다.

물론 거듭난 연예인들의 간증은 너무나 귀합니다.

아프리카 식인종 부족 선교보다도 힘들다는 연예계에서

자신의 신앙을 지키며 하나님의 자녀로 살아가는
크리스천 연예인들을 바라보면
존경스럽기까지 합니다.
하지만
교회가 검증되지 않은 연예인을
단지 교회에 출석한다는 이유 하나로 초청하고
그들을 위해 모든 것을 제공하는 모습은 심히
염려스럽습니다.

교회가 이같이 반응하는 데는 저 같은 사역자의 잘못이
큽니다.
찬양 사역을 한다는 사명자들이
일반 대중음악을 하는 가수들과 구별되지 못하고,
사명감이나 하나님의 공의를 전혀 생각지 않은 채
자신의 인기와 부를 쫓는 일에만 급급했던 것이
사실이기 때문입니다.
유럽에 방문했을 때 보았던 수많은 교회들,
수백 년의 역사와 전통을 자랑하는 교회들이
술집과 나이트클럽 회사에 마구 팔려간 사실을
알고 있습니다.

교회가 경건함과 영적 분별력을 잃어버리면
이 땅에서 하나님의 권위를 지킬 수 없음을 잘 알고
있습니다.

사실 저는 이것이 두렵습니다.

한국의 교회들이 이벤트와 확장에 목숨을 걸지 말고
교회로서의 거룩함과 순수성을 지켜 나가기를 오늘도
간절히 기도합니다.

"하나님, 한국 교회에 영적 분별력을 주시옵소서…."

* 문득 '정체성'에 대해 생각해 보게 됩니다.
오늘날 교회의 정체성은 무엇인지, 그리스도인의 정체성은
무엇인지, 그리고 나의 정체성은 무엇인지….

아직 어려서

목회자 세미나에 참석을 했습니다.

찬양을 드리고 말씀을 듣는 시간.

오늘은 특별히 모슬렘 지역에서
목숨을 걸고 사역을 하고 계시는 선교사님의
선교 보고가 이어집니다.

준비해 온 영상과 말씀을 듣는데 가슴이 미어집니다.

저도 모르게 눈물이 흐르고 소매로 눈물을 훔치고 있는데…

제 옆에 앉아계셨던 연세 많으신 목사님 두 분이
말씀하십니다.

"장 전도사가 은혜를 많이 받았나 보이… 허허."
"아직 어려서 그런가 보네… 허허."

아직도 저는 목사님의 말씀이 잘 이해가 되지 않습니다.

'어려서 그런가 보네…'

* 어리다는 것이 순수함의 대명사일까요?
  그렇다면 어른들은 천국에 가지 못하는 것일까요?

땅 끝에서 천국까지

선교지를 방문하고 돌아올 때면
현지 선교사님과의 이별이 참으로 힘이 듭니다.

그 이유는
선교지의 상황이 생각보다 위험하고 어렵다는 것을
잘 알기 때문입니다.

선교사역을 충분히 돕지 못하는 미안한 마음에
발걸음은 더욱 떨어지지 않습니다.

그 마음을 읽었는지 선교사님께서

"우리 또 만날 건데요. 뭐~"

밝은 미소를 지으시며 손에 작은 카드 하나를 쥐어 주십니다.

돌아오는 비행기에서 카드를 열어봅니다.
선교사님의 가족사진이 들어있는 조그마한 카드입니다.

"전도사님, 감사해요….
우리 모두는 하나님의 사명을 감당키 위해 부름을
받았잖아요.
열심히 찬양 사역하세요.
저도 기도로 함께 하겠습니다.
우리 저마다 땅 끝에서 열심히 땀 흘리고 천국 한복판에서
기쁨으로 만납시다."

두 단어가 눈에 선명히 들어옵니다.
'땅 끝', 그리고 '천국 한복판'

* 'Go or Send.'라는 말이 있습니다. 가지 못한다면 보내십시오.

아무도 없냐?

얼마 전 천주교의 김수환 추기경이 돌아가시고,
불교의 법정 스님이 돌아가셨을 때
수십 만의 국민이 조문했다는 뉴스를 접했습니다.

조문객 중에는 기독교 목사님들도 제법 있었다는
소식을 듣고 놀라기도 했습니다.

온 국민들은 입을 모아
"아까운 분이 돌아 가셨다"라고 아쉬워했습니다.

자칭 무신론자를 자처하는 저의 친구가

식사 중에 저에게 묵직한 질문을 하나 던집니다.

"천주교에도 한 명 있고, 불교계에도 한 명 있는데…
너희 기독교에는 아무도 없냐?"
질문의 의도를 너무나 잘 알고 있었습니다.

정말 아쉬웠던 것은
제가 아무 말도 못했다는 것입니다.

기독교인들이 존경하는 목사님들은 여러 분 계시지만,
온 국민이
존경하며 따르는 목사님이 과연 계실까?

그래서
선뜻 대답을 하지 못한 것입니다.

* 하나님께서는 말씀하십니다. 우리가 알아볼 수는 없지만
없는 것이 아니라 너희가 모르는 것이 라고..

왜 오셨어요?

저에게는 친형님처럼 가깝게 지내는 목사님이 계십니다.

늘 조언과 격려를 아끼지 않으시는…
소중하고 고마운 분이십니다.
자연스레 목사님이 계신 교회를 자주 방문하게 되었고
그 교회 성도님들도 저를 가족처럼, 늘 따뜻하게 반겨 주십니다.
어느 날 목사님께 전화가 왔습니다.
이번에 교회에서 음악회를 하는데 소리엘이 깜짝 게스트를 해달라고…
말 그대로 깜짝 게스트입니다.

그래서 몰래 교회를 방문했습니다.

알 턱이 없는 교인 분들이 놀라십니다.
"아니, 어떻게 오셨어요?"
"…"
"아, 그렇군요…"
"와, 기대되는데요?…"
그러나
딱 한 분,
교회 부목사님.
피곤한 눈으로 저를 보시더니 이러십니다.

"왜 오셨어요?"
참 기분 묘합니다.

* '말 한마디로 천 냥 빚 갚는다.'는 말이 있습니다. 사람들과 만날 때는 먼저 웃으며 상대방의 평안을 바라는 인사를 건네세요. "평안하십니까?" "평안하세요"라고.

생각해 볼 문제

청소년들의 문제 중에 흡연과 음주 문제가 심각하게 대두되고 있습니다.
그 문제가 이제는 교회 안에서도 자유롭지 않은 화두가 되고 있습니다.

청소년 수가 500명이 넘는 A, B, 두 교회 목사님께서 대화를 나누십니다.

A교회 목사님께서 자랑스럽게 말씀하십니다.

"우리 교회 아이들은요, 너무 착해서 술, 담배 아무도 안 해요."

그러자 B교회 목사님 왈,

"다 쫓아냈습니까? 아니면 이미 다 변화되었나요?"

* 교회라는 곳은 문제 있는 사람도 갈 수 있는 곳이랍니다.

밥과 작품

대학에서 기말고사가 끝이 나면
바야흐로 캠프의 시즌이 도래합니다.

전국에서 수십 만 명의 아이들이 캠프를 통해 비전을 세우고 주님을 만납니다.

그 귀한 자리에 함께 할 수 있다는 것 자체가
제게는 큰 기쁨이고 영광입니다.

캠프사역을 20년 넘도록 해 오신 캠프지기 목사님.
이 땅의 청소년들이 변화되기 위해 평생을 드린

귀한 목사님.

그 목사님과 지금 대화를 나누고 있습니다.

"요즘 아이들이 예전과는 많이 달라진 것 같아요.
목사님도 느끼시죠?"
"그려… 참, 요즘 아그들 천방지축이여."

"네, 아이들 예수 믿게 하는 것이… 점점 힘들어 지는 것 같아요.
말씀 전하시는 강사님들도 힘드실 것 같구요."
"그래두 캠프에 오는 강사들은… 죽을 밥으로 만들 정도는 돼야 허지 않것어?
똘아이들을 작품으로 만들어야재."

"죽을 밥으로요, 똘아이를 작품으로요??"
"아그들, 죽이잖어. … (뒤죽 박죽) …"

사실 저도 예전에는 죽이었고 똘아이였습니다.

'죽 같은 저를, 밥으로 만들어서 지금껏 사용하신 하나님.

돌 같은 저를 작품으로 만드신 주님,

하나님!

저 아이들…

저, 아이들 밥 만들러, 작품 만들러 지금 들어갑니다.

도와주세요.'

* 진흙으로 만든 그릇이 토기장이의 손에서 터지매 그가 그것으로 자기 의견에 좋은 대로 다른 그릇을 만들더라
(렘18:4)

아! 장로님

닮고 싶은 장로님이 한 분 계셨습니다.

그분은 큰 사업가셨고
얼마 전에 은퇴를 하셨습니다.

저는 그 장로님의 자택과 교회의 거리가 꽤 된다는 것을
알고 있었습니다.
그런데
우리 장로님,

교회 주차장 부족하다고

2시간 거리를 버스 타고 교회에 오십니다.

주일은 새벽예배부터 저녁예배까지 일절 빠지시는 법이
없으십니다.
그리고
항상 예배당 가운데 맨 앞줄 오른쪽에 앉으셨습니다.
주일이면 대예배를 드리시고,
버스 타고 댁에서 잠시 쉬시다가
다시 저녁예배 드리러 교회에 오십니다.

장로님께 이런 말씀을 드렸던 기억이 납니다.

"장로님, 많이 힘드실 텐데…
저녁에는 집에서 쉬시죠…."

"혁재야~ 내가 저녁예배를 빠지면
우리 목사님 섭섭해 하셔…

내가 앉는 자리가 비워져 있으면 얼마나 허전해 하시겠니?
가뜩이나 저녁예배에 성도들 많이 빠지는데 내가 본이 돼야지…

그리고
내 나이 많아서 예배드릴 날이 얼마 안 남았는데
열심히 예배 드려야 하지 않겠니?"

지금 장로님은 천국에 계십니다.

제가 목사 안수를 받지 않는 이유 중 하나는
장로님 닮은 훌륭한 장로가 되고 싶어서입니다.

* 삶의 모델이 있다는 것은 행복한 일입니다. 자신을 바라볼 거울이 있기 때문이죠. 그리고 내가 누군가의 삶의 모델이 될 수 있다면 그것은 더더욱 행복한 일일 것입니다.

누가?

국회의원, 경찰서장, 그리고 목사님.
이렇게 세 분이 근사한 식당에서 식사를 하십니다.
그날 식사비는 누가 냈을까요?

정답은
식당 주인입니다.

* 따라해 보세요.
1. 오랫동안 만나지 못한 친구 중 한명에게 전화를 건다.
2. 가까운 커피숍에서 커피를 마신다.
3. 커피 값은 내가 낸다.

나눔과 갚음

NGO단체에서 나눔대사를 하고 있습니다.

이 일을 하다 보면
돕는 자와 도움을 받는 사람의 자세에 대해 생각을 자주 하게 됩니다.

피레 찰론의 말이 생각납니다.

'은혜를 입은 자는 잊지 말아야 하고,
베푼 자는 기억하지 말아야 한다.'

베푼 자의 상급은 하늘에 있고,

갚을 자의 책임은 하늘나라 가기 전까지 은혜를 갚는 것입니다.

* 한 자루의 양초로 많은 양초에 불을 옮겨 붙이더라도 첫 양초의 빛은 흐려지지 않는다. 　　　　－ 탈무드 －

나눔은 선택이 아닌 의무

시간이 날 때마다 어려운 환경에 있는 아이들을 돕는
일을 하고 있습니다.

이 세상에 먹을 것이 없어서 죽어가는 사람들을 위해
여러 곳을 다니며 모금활동을 하는 것이죠.

녹록치 않은 일이긴 하지만
가끔 방문하는 빈민국에서 만나는 아이들이
희망을 가지고 환하게 웃는 모습을 보면 얼마나 마음이
기쁜지 모릅니다.

어느 책에서 읽은 내용인데,

하나님께서 인간을 만드실 때는
모든 사람이 충분이 먹을 만한 식량을 내려 주셨다고
합니다.

그런데
세상 곳곳에 굶주려 죽는 사람이 나타나는 것은
고루 나누어 먹어야 할 식량을
몇몇의 사람들이 욕심을 내어 지나치게
많이 가지고 있기 때문이라는
이야기를 들은 적이 있습니다.

어느 나라의 사람은 먹을 것이 없어 죽어 가는데…
어느 나라는 음식 쓰레기가 차고 넘쳐서 골치를
썩고 있는 것이 사실입니다.

구호 활동을 하면서
나눔의 의미가 이제 제 안에는 새롭게 정립이 되었습니다.

나눔은 선택이 아니라, 의무입니다.

돈 꾼 사람이 꼭 돈을 갚아야 하듯이.

우리에게 남은 것들은

모자라 하는 그들에게 반드시 다시 돌려주어야 합니다.

> * 사회가 행복해지는 데에는 1%의 나눔만 있어도 가능합니다. 그것은 금전이 될 수도 있고, 내가 가진 다른 재능일 수도 있습니다. 내가 가지고 있는 1%는 무엇일까요?

문화 그리고 ... 전쟁

우리는 세상 속에 살고 있습니다.
교회에서는 세상을 이기자고 외치지만,
어떻게 세상을 이겨나가야 하는지에 대한 방법에 대해서는
어떠한 방법도 제시하지 못하고 있는 것이 우리 교회의
현실입니다.

이 세상의 권세를 쥐고 있는 사탄은 교회를 향하여 새로운
전략을 펴기 시작했는데
우리는 그 전략에 대해 어떤 방어도, 어떠한 대응도 못하고,
속수무책 당하고 있다는 것입니다.

더 큰 문제는 그것에 대한 문제의식도 거의 느끼지 못하고
있는 것입니다.
그러면 지금 사탄이 가지고 있는 가장 강력한 무기가
무엇일까요?
바로 문화입니다.
하나님의 것과 세상의 경계를 허무는 데 문화만큼
효과적인 도구는 없기 때문입니다.

교회에서 열심히 찬양을 하고 은혜를 받고 교회문 밖을
나가는 순간,
우리는 수 없이 많은 세상의 것들을 대하며,
주님을 저 멀리 떠나보내는 일을 수 없이 반복을 하는
것입니다.
우리가 듣고 있는 MP3속의 노래, 전화기 벨소리,
미니홈피의 배경음악, 패스트푸드점의 요란한 가요,
뉴에이지적인 영화, 불륜을 미화하는 드라마,
폭력적인 게임, 선정적인 광고,
10대의 마음을 송두리째 빼앗아가는 아이돌의 현란한
몸짓까지…

우리는 좀 버거운 싸움을 해야 합니다.
왜 사탄이 문화를 이용해 우리를 공격하고 있는지를
우리는 정확히 알아야 합니다.

사탄의 궁극적인 목표는 거룩한 곳에 세상의 것을 심어
우리가 하나님을 보지 못하게
하는 것입니다.

사탄은 속삭입니다.

"예수 믿어야지! 그래야 천국가지.
'하지만 너무 오버는 하지마.
교회에서는 기도 열심히 하고, 찬양도 드려.
그런데 교회 밖에서는 너무 티내지마.
세상음악 그렇게 나쁜 것만 있는 것은 아니야.
좋은 노래도 많아. 들어봐
그리고 좀 영화가 폭력적이면 어때 그런 것도 봐야
세상을 알지."

이제는 세상이 우리에게 선택하라고 하지 않습니다.

타협하라고 합니다.
그런데 문제는 언제부턴가
우리 교회가 너무 쉽게 세상과 타협하며
합리화하고 있다는 것입니다.

우리는 정확히 알아야 합니다.
사탄의 목표는 거룩한 곳에 속된 것을 심어 우리가
거룩하지 못하게 하는 것입니다.

> * 이제 내가 사람들에게 좋게하랴 하나님께 좋게하랴 사람들에게 기쁨을 구하랴 네가 지금까지 사람의 기쁨을 구하였다면 그리스도의 종이 아니니라 (갈 1:10)

소리엘 대표곡

야곱의 축복

너는 담장 너머로 뻗은 나무 가지에 푸른 열매처럼

하나님의 귀한 축복이 삶에 가득히 넘쳐날거야

너는 어떤 시련이 와도 능히 이겨낼 강한 팔이 있어

전능하신 하나님께서 너와 언제나 함께 하시니

너는 하나님의 사람 아름다운 하나님의 사람

나는 널 위해 기도하며 네 길을 축복할거야

너는 하나님의 선물 사랑스런 하나님의 열매

주의 품에 꽃피운 나무가 되어줘

사랑합니다 나의 예수님

사랑합니다 나의 예수님 사랑합니다 아주 많이요

사랑합니다 나의 예수님 사랑합니다 그것뿐예요

사랑한다 아들아 내가 너를 잘 아노라

사랑한다 내 딸아 네게 축복 더 하노라

소리엘 대표곡

새벽이슬 같은

시110:3 주의 권능의 날에 주의 백성이 거룩한 옷을 입고 즐거이 헌신하니 새벽이슬 같은 주의 청년들이 주께 나오는도다

새벽이슬 같은 주의 청년들이 주님 앞에 나오는도다

주님의 이름으로 축복하여 주소서 주의 빛을 발하게 하소서

아버지여 당신의 의로 부르소서

예수님이여 주의 보혈로 덮으소서

거룩하신 성령님이여 권능으로 임하소서

거룩한 옷을 입고 즐거이 헌신하는

주님의 백성들에게 주여 함께 하소서

*새벽이슬 같은 주의 청년들이 주님앞에 나오는도다

주님의 이름으로 축복하여주소서 주의 빛을 발하게 하소서

세상을 구원하시려 아들을 주신 하나님 아버지

각 나라와 족속과 모든 백성들의 찬양을 받으소서

높임을 받으소서

*새벽이슬 같은 주의 청년들이 주님앞에 나오는도다

주님의 이름으로 축복하여주소서 주의 빛을 발하게 하소서